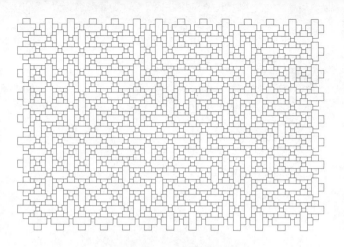

昭和のヤバいヤクザ

鈴木智彦

講談社+α《プラスアルファ》文庫

まえがき　SNSなど通用しないヤバい俠が躍動した時代

ＳＮＳの普及はこれまで日陰者であった暴力団社会の住人にも光を当てた。彼らの一部は匿名アカウントを作り、場合によっては自らの氏名と所属を明らかにして、仮想空間の中で発言を繰り返した。バーチャルとはいっても、人間の集まる場所に変わりはなく、そこでは現実同様のもめ事が発生する。まるでご近所トラブルのように人間のエゴがぶつかり、匿名性もあって個々の人間性が剝き出しになる。

表に出てきたヤクザや、元ヤクザという属性の人間たちは、人間の醜悪さを存分に発揮した。リアルな現実社会でヤクザを駆逐した半グレたちは、相手が弱いとヤクザの影をちらつかせて脅し、相手が強いと警察を頼るが、彼らも相手によってころころ態度を変える程度は変幻自在だった。加えて病的に自分を大きく見せようと虚飾を並べ、同じようなポジションの相手に嫉妬し、低レベルの誹謗中傷を繰り返す。その様子をみていた一般人は、初めて観る暴力団を典型的な病的気質と判断しただろう。

普段、我々が取材している相手がどれほど肥大した自我を持てあました怪物か分かってもらえただけで、ＳＮＳはありがたかった。ただし、昭和の時代の暴力団社会には、ＳＮＳで対立暴力団のネガティブキャンペーンを繰り返すような小物ばかりではなく、彼ら独特の物語を紡ぎ出す傑物たちが全国にいた。

暴力団社会は安易な問題で暴発し、生き死にに直結するため、人間の喜怒哀楽が強調される。子母澤寛が、「やくざものは読んで面白ければいいのです」と喝破したのは、そこに一般常識に縛られて生きている我々には実現不可能なドラマが出現するからだろう。我々はヤクザたちから人生訓を学びたいわけではない。求めているのは人間の生命力の爆発であり、それに驚嘆したいのだ。

昭和のヤクザは相手の命も、自分のそれも、まるでおもちゃのように扱った。そこには今の我々には決して真似できない躍動感がある。

鈴木智彦

昭和のヤバいヤクザ◉目次

第二章　「仁義なき戦い」のモデルたち

昭和のヤバいヤクザ

第一章　伝説の愚連隊列伝——戦後派アウトローたちの輝き

安藤昇——戦後の闇社会を席巻した革命児

ニューウェーブな暴力集団

渋谷の街は品がいい。

不良の視点でこの街の戦前戦後を俯瞰しても「上品」という見解は変わらないのだという。もちろん東京内部での比較論で、渋谷にも喧嘩が多発した時期があったし、戦後の一時期はずいぶんと荒れた。

「喧嘩で相手をぶったおす。警察がくる。でもあいつらは人が倒れてるのに、見て見ぬふりで素通りして行くんだ。巻き込まれたらヤバいってわけだろう」（戦前の渋谷を根城とした博徒組織の親分）

それでもこれくらいならまだましなのだ。マジにガラの悪い街はほかにいくらでもあった。上野や浅草、池袋や新宿に較べればまだまだ綺麗と言ってよく、昔から安心して遊ぶことができた。実際、今も昔も空気や人種はまったく違う。渋谷にカスバという言葉は当てはまらない。

それでもヤクザは昔から棲んでいた。

というのも当時のヤクザは市民社会にとけ込んだ存在だったのだ。彼らは一種の自警団的役割を持っており、治安を悪化させるどころか、一面、街の風紀を守っていたといっていい。今でこそ近くにヤクザがいるだけで地価が三割下がる、などと言われるが、当時はヤクザがいたからといって、眉をひそめる人間はごく少数だったのである。

そこに戦後生まれた突然変異——それが東興業、通称安藤組である。

さて時代を追って安藤組を見ていこう。

安藤昇が生まれたのは大正十五年、生家はいまの新宿・抜弁天《ぬけべんてん》界隈である。不良少年としての広域デビュー当時——といっても中学時代だが——にはジュクの安藤と呼ばれたこともあった。喧嘩三昧のため転校を繰り返し、満州にも行ったが、この中学でも女郎買いが問題となり転校、昭和十六年に帰国し京王商業に転入、しかしまた退学となって智山中学に落ち着いた。ここでの喧嘩は大問題となり、多摩少年院に送られる。

昭和十八年には予科練入り、昭和二十年六月には志願して特攻隊員となる。安藤の所属は横須賀久里浜のマル秘一〇九部隊、通称伏龍隊だ。これは海中に潜行し、上陸してくる敵艦を竹竿に括った機雷でつつく特攻部隊である。終戦までたった二ヵ月、まさにギリギリのところで終戦を迎えたわけだ。一度捨てた命――この台詞も安藤の口から出るとピタリとくる。

東京に戻ってからはたまり場だった下北沢からどんどん勢力を伸ばし、新宿、渋谷と進出を開始した。この過程で多くの抗争事件を起こしたが、その一つは愚連隊の元祖と呼ばれた万年東一と安藤を結びつける。抗争相手が万年の友人だったため、その仲裁に万年が乗り出してきたのだ。これは安藤の愚連隊魂の根幹かもしれない。ちなみに抗争の最中、安藤は法政大学に合格した。ヤクザと喧嘩しながら大学進学をする。これだけで安藤の異質さが分かる。

新天地に渋谷を選んだのは、大きな理由があった。

「渋谷は大きな街だった。しかし今以上に発展する、大きく化けると思った。なにより乗り入れをしている路線が多い。山手線もあれば地下鉄も私鉄もある」

こうして安藤は喧嘩を繰り返しながら昭和二十五年に東京宣伝社を設立する。これが安藤組ののちの実質的な母体となった（本来は東興業の子会社）。シノギは当時の名物だったサンドイッチマンで、一種の人足手配と言っていい。鶴田浩二の歌にもなったサンドイッチマンは全国的に見ても不良のシノギである。街のおどけ者の大半は、バリバリの不良少年だったという。

そして昭和二十七年、渋谷宇田川町に東興業が生まれる。

ハイカラさと上品な立ち居振る舞い、時代の最先端をいくファッションとシノギ。安藤組はまさに地盤とする渋谷らしい組織と言えた。組長の安藤昇をはじめ幹部に高学歴の人間が多い事から、インテリヤクザと呼ばれたこともある。万年東一の流れにも位置し、自他ともに認める愚連隊組織で、一般的なヤクザとはバックボーンからして大きく違う極めて異質な集団だ。

伝統的戒律を無視

安藤組の革新性を挙げればキリがない。

例えば代紋バッジに彫られた文字はアルファベットの「A」だった。お上には逆らわないという意識からか、右翼思想に傾倒し、民族意識を高らかに謳い上げる風潮が一般的なヤクザ社会の中で、外国の文字を襟元にかざした組織は安藤組しかない。というより、当時のヤクザの物質的アイデンティティは半纏《はんてん》で、バッジという観念自体安藤組が浸透させたといってよかった。

また「組長」という呼称は禁止され、「親分」も同様である。愚連隊流儀に基づき上下関係はあくまで兄・舎弟。兄貴の兄貴をオヤジと呼ぶため、安藤もそう呼ばれることはあるが、それは決して親分という意味ではない。幹部たちはグレーに統一されたベネシャンのスーツに黒のネクタイを着用し、安藤を社長と呼ぶ。

指詰め、刺青も厳禁された。大幹部の筆頭だった志賀日出也（渋谷の落合一家から安藤組入り。東興業内部の肩書は専務）のような博徒系出身や個人的趣味からクリカラモンモン背負っている人間はいたが、全体的にはごく少数で、もちろん安藤自身の背中は生まれたままである。

伝統的な戒律を無視したのは表面だけではなかった。来る者は拒まず、去る者は追わず。寄り合いや事始めもない。ポーカー賭博を開き、不動産売買、興行、宣伝、用心棒などが主なシノギだ。とにかく、組織体系も、経済基盤も、組員の意識も、既存の博徒やヤクザとまったく違うのだ。ヤクザがヤクザであるための独自な習慣・事例のすべてが排除されたと考えていい。

なんといっても、なにからも縛られずすべての束縛から自由だったのは、ヤクザ史上安藤組だけだ。法の外に生きるその他のアウトローは、自由にみえて表社会以上に不自由なのである。

ただし、長所と短所は裏表。自由な反面、弱さもあった。その筆頭は集合体としての結びつきが弱く、組織というよりただの集団だったということだろう。この点、安藤組は高度に組織化された現代ヤクザと比較して、ただのアマチュアでしかない。子供の遊び、口汚く言えばそう表現できる。

それがまったくマイナスとして顕在化しなかったのは、安藤という稀代のカリスマが存在したからである。会えば誰もが安藤に心服する。わざとらしいやり方で値打ちをつけなくても、組員全てが服従する。城を持たなかった武田信玄と同じで、安藤はあえて組織を固める必要がなかったのだ。

横井英樹襲撃事件の真意

だけどしょせん渋谷だからなぁ。

今の若い世代はそう考えているかもしれない。通常、渋谷らしさの要諦である上品さは、裏社会での強さと両立しないからである。弱肉強食の世界であり、ここでは喧嘩の強さがすべて。強いヤツは王様、弱いヤツはカスだ。事実、乱暴に言えば一般的に不良やヤクザはガラの悪い街を本拠にしていた方が強い。上品さと裏社会を生きる必要条件はことごとく相反する、という定理はある意味正しく、また普遍性を持っているのである。

だが、この点でも「ブヤの安藤組」は異質だった。彼らは渋谷らしさをそのままに、伝統的な博徒やテキヤを尻目に東京中を暴れ回ったのだ。連日のように安藤組は新聞紙上を賑わした。百聞は一見に如かず。当時の新聞を見ると一目瞭然だ。

配下の大幹部には個性豊かな人間が揃っていた。前述の突破者・志賀日出也を筆頭にマムシと言われた須崎清、参謀格で企業手腕に長けた久住呂潤、最強の喧嘩師である花形敬、不良のDNAを持つ花田瑛一、鹿島神流の達人で別働隊隊長の森田雅など、誰もが一騎当千の強者《つわもの》である。ちなみに後の渋谷の裏社会の顔役や、右翼の大物なども当時は安藤組の幹部だ。

安藤を先頭にこうした面々が各地で暴れ回り、安藤組の名は全国的に轟《とどろ》くことになった。そして昭和三十三年六月、日本中を震撼させる「東洋郵船社長横井英樹襲撃事件」が起きる。

事件の詳細は次項に譲るが、通常の企業恐喝とはまったく違うことを理解してほしい。たしかに事件のあらましを見れば暴力団が大企業を恐喝したかのように見ることが出来る。しかし、安藤の胸中にあったのは義憤と男としてのプライドだけなのだ。第一、もし利益第一主義で計算のできる人間なら、これほど大それたことはしない。暴力を使用するマイナスを補う見返りがあってこそ、企業恐喝として成り立つのである。悪い評判ばかりのエセ紳士とはいっても横井は表社会の企業家なのだ。銃撃すれば警察のメンツを刺激し、ただでは済まないと誰でも分かる。のちに横井の親玉でもある東急の五島慶太にとんでもない金額をふっかけたのは、あくまで安藤のプライドだ。ここでも戦後の裏社会を席巻した安藤組が、ヤクザ組織とはまったく違う性質を持っていたことが分かってもらえるだろうか。

安藤が警察をあざ笑うかのように逃亡したのも、善意の二元論で安藤を悪と断じた警察やマスコミに対する反感からである。結果、下山事件以来の大捜査網の隙をついて、安藤は三十四日間、権力との喧嘩をするのだ。

安藤をはじめ多くの大幹部が逮捕・収監されると安藤組は次第に凋落していくこととなった。組員たちが事件を起こすと安藤の出所が遅れると考え、行動を自粛したのも理由である。しかし、安藤組は安藤昇と同義。安藤なしではどうにもならないのだ。

一足先に出所した花形が組長代行となってからも、安藤組の勢いが復活することはなかった。その花形も東声会組員によって刺殺されてしまう。強い者ほど殺されるというが、イケイケの人間が守勢に回った時には、大きな隙が生まれるのかもしれない。

昭和三十九年九月、臥薪嘗胆で組員たちが待ち望んだ安藤出所の日が訪れる。しかし、安藤の胸中は複雑だった。その上、出所して一ヵ月半後、大幹部の西原健吾が殺され、安藤は揺れた。このまま暴力社会で生きていくべきなのか……。そしてこの年の十二月九日、安藤組は十二年の歴史にピリオドを打った。千駄ヶ谷区民講堂で行われた解散式は暴力団自主解散の一号であり、多くのマスコミが訪れている。

その後安藤は映画俳優に転身、大スターとなったことは周知だろう。男として生きるためには何が大事なのか——安藤の生き方は、それを我々に教えてくれる。

ドキュメント・横井英樹襲撃

安藤組安藤昇組長は激怒した――。

全身の血が逆流し、拳がわなわなと震えた。東洋郵船へ乗り込んで話を切り出した途端、社長の横井英樹が「なんなら君たちにも金を借りて返さなくともよい方法を教えてやってもいい」とうそぶいたからだ。

横井は多くの借金を踏み倒し、法律を巧妙に利用して財産を隠していた。ついたあだ名は「ボロ儲けの天才」である。この件も裁判で横井に対する支払いの命令が出ているが、一向に借金を返そうとしない。どうにもならなくなった債権者は知人にその回収を依頼し、安藤が同行することになったわけだ。

そして横井は安藤を一瞥し、「私のところじゃ借金取りにまでコーヒーを出すんだからね」と言い放った。もう我慢の限界だった。安藤はコーヒーカップを床に叩き付け、憤然としてその場を後にした。

その約四時間後、銀座の一角に黒塗りの車が停車し、数人の男たちがビル群の中に降り立った。二、三短い言葉を交わした後、そのうちの一人が人混みを抜け歩き出す。

すれ違ったオフィスガールはぎょっとして足を止めた。男はまったく無表情だったばかりか、生気が微塵も感じられないのだ。両目だけが鋭く光った青白い顔はまるで死神のようで、華やかな銀座の雰囲気にはまったく似つかわしくなかった。とはいえ、存在感がまるで希薄で、たまたま気付いた彼女以外、誰も気にとめる様子はない。

数分後、男はとあるビルに吸い込まれていった。そして八階にある東洋郵船のオフィスで、横井の体に鉛玉をぶち込んだ。昭和三十三年六月十一日のことである。

〈〝白木屋乗取り事件〟など数多い株の買占めで名を売った東洋郵船会社社長横井英樹氏が十一日夜、銀座のビルの社長室で暴漢にピストルで射たれた。警視庁捜査二課と築地署は〝乗取り事件〟や債権の黒幕となっている暴力団の犯行とみて捜査に乗出した。

同日午後七時二十分ごろ、東京都中央区銀座八ノ一第二千成ビル八階東洋郵船会社秘書課に二十五歳ぐらい、身長一・七メートルほどの慎太郎刈り、グレーの背広上着を着たヤクザ風の男が来て横井英樹社長（四四）に面会を求めた。初対面なので秘書のSさん（二二）が秘書課長に承諾を求めに行ったが、そのすきに男は同階の社長室に飛び込み、来客二人とジュースを飲んでいた横井社長に『お前が社長か』とききき、隠し持ったコルト型ピストルを一発、横井社長に向けて射ち、騒ぎにまぎれて階段から逃げ去った。一一〇番への連絡でパトロールカーがかけつけ、血だらけの同社長を近くの菊地病院に運んだが、弾は左腕から左肺、右肝臓などを貫いて体内にとまっており、同社長は危篤状態を続けている〉(朝日新聞。昭和三十三年六月十二日)

新聞に「グレーの背広上着を着たヤクザ風の男が」と書かれた男は安藤組幹部の千葉一弘。重度の肺結核に侵され、ボロボロの身体を引きずっての犯行だった。千葉は事件の直前にも多量の喀血をしていたという。当日も吐き出した血の色を隠すため、ポケットの中にはえんじ色のハンカチを潜ませていた。

千葉が刺客となったのには理由があった。それは彼が組内で安藤に次ぐ射撃の名手だったからである。こう聞くと確実な殺傷が目的だったように思えるが、真相は逆で、目的は殺さない銃撃だ。日本人はちょっとしたことで激する傾向が強く、欧米人に較べ射撃に向かないといわれる。しかし自分の死期を悟った千葉は普段から冷静沈着で、激昂することも狼狽することもない。現場で予測不可能なことが起きても、千葉なら確実に「撃つ弾は必ず一発。それで急所に当たるといけねぇ。必ず右腕を撃たしてくれ」という安藤の命令を遂行するだろう。

もちろん、周囲の人間は千葉の病状を知っていた。そのため最初は他の人間に白羽の矢が立った。しかし、千葉がどうしても自分にやらせてくれと懇願したのだ。

後年、千葉は犯行の動機を、

「なにもかっこいいもんじゃねぇよ。ただ、どうせ死ぬなら安藤や志賀（日出也。赤坂支部長で千葉の兄貴分）のために死にたかっただけだ」

と語っている。どうせ長くない命なら安藤組のために死にたい。それが千葉の望みだったのである。

しかし、千葉はその指示を取り違え、向かって右側の腕を銃撃してしまう。そのため骨に当たって身体に入り込んだ弾丸は内臓を突き破り、横井は危篤状態となったのだ。それでも約三千ミリリットルという大量の輸血を受け、治療スタッフの奮闘の甲斐もあって、横井は奇跡的に一命を取りとめた。


現場に残された空薬莢を調べたところSBP7・65の文字が刻まれており、同年二月十七日の安藤組花形敬襲撃に使われたものと同様であることが判明。さらに警察は事件当日に三栄物産元山富雄社長、東興業安藤昇社長、「銀座警察」浦上一家顧問熊谷成雄の三名が東洋郵船で激しい口論をおこなった事実を掴んだ。事件は安藤組による組織的犯行と断定され、警視庁捜査二課と築地署は同署に捜査本部を設置した。

事件は早期解決するという見方が強かった。しかし安藤は数時間都内に潜伏した後、パイロットの制服を着込み、真っ赤なオープンカーで厳重な警戒を突破する。警察は安藤に翻弄され、長期の捜査態勢を余儀なくされたのである。安藤昇（当時三十二歳）組長始め、久住呂潤（三十一）、志賀日出也（三十一）、千葉一弘（二十五）、小笠原郁夫（二十六）ら五人が全国に指名手配されたのは事件発生から二十日後のことで、世論は「警視庁は暴力団になめられた」と酷評した。進まぬ捜査にいらだった警察上層部は岸首相の肝煎りもあって捜査本部を警視庁に移行。暴力事犯専門の捜査二課二係に捜査一課、三課、築地署、渋谷署のベテラン刑事を加え、下山事件以来の大捜査網が張り巡らされた。

当初安藤はすぐに千葉を連れ出頭するつもりだったという。

〈『……安藤組長に対する逮捕状は、昨年春、某社長から三十万の恐喝を働いた疑いで出されたものだが、十三日中に安藤組長が捕まらなければ、直ちに全国指名手配を行い、徹底的に行方を追及する……』三面いっぱいのこの新聞記事を読んでいるうちに、みるみる自分の心が硬化してゆくのをおぼえた。〈三十万円の恐喝〉なんて、私にはまったく身におぼえのないことである。まずこいつが、私の頭へカチンときた。（中略）これに対し当局の腹は、安藤を出頭させてそのまま逮捕させる巧妙な作戦（？）だというが（中略）身におぼえのない恐喝事件のぬれ衣、〈この巧妙な作戦〉、被害者が〈財界で一応名の売れた人物だから〉という言い草が、いちいちカンにさわった。『よーし、そっちがそっちなら、こっちもこっちだ。ひとあわふかしてやる！』私もまだ若かった。〉（徳間書店『やくざと抗争——完結篇』。安藤昇著）

勝手な言い分に持ち前の反逆心がムラムラと頭を持ち上げ、権力との徹底抗戦となったのである。

その間、安藤は横井と関係の深い五島慶太を恐喝していた。五島のラインで政治的圧力がかかるのは目に見えていたため、安藤が先手を取ったのだ。要求額は一億円。当時としては途方も無い金額である。「金か命か」と迫る安藤に、五島は三千万円で手を打ってくれと弁護士を通じて申し入れてきた。

「びた一文欠けても駄目だ」

安藤はその申し出を一蹴した。

安藤が検挙されたのは事件発生から三十五日後のこと。葉山の貸別荘の二階で将棋をさしている最中だった。

「裸では失礼ですからね」

勢い込んできた捜査官を尻目に安藤はゆっくりと身支度を整え、詰めかけた記者団に、「もう来るころかと思っていた。それにしても、ゆっくり静養できたよ」と静かに言った。そのうえ、「また本庁で会おうぜ」という捨てゼリフを残し、カメラマンの放列の中を悠々と県警の車に乗り込んだ。

車は白バイ二台とジープに先導され、横浜駅前の警察本部を経由し、東京の警視庁へと向かった。その玄関前には報道陣をはじめ、五百人以上の群衆が安藤を待ちかまえていたという。


この「東洋郵船社長襲撃事件」は一般的な暴力団の抗争とはまったく性格の異なるものである。財界人の多くはヤクザや愚連隊組織、または右翼を自分たちの手下として利用していたわけだが、安藤は既存の類似的雇用関係を無視して今まで不可侵と思われていた聖域にまで嚙みついたのだ。事件の裏には、安藤組という戦後日本を代表する愚連隊の一組織が引き起こした単なる暴力事件として片付けることの出来ない深い闇が顔を覗かせ、日本の大きな社会的矛盾が内包されている。

なにより裏社会と財界の関係を我々の目の前にえぐり出して見せたことは大きな衝撃だった。東洋郵船社長横井英樹襲撃事件の翌朝、大宅壮一は読売新聞上でこうコメントしている。

「暴力性を帯びた企業家的傾向が戦後の特色で、横井氏の事件も暴力にやられた単純な被害者というわけにはいかない」

もちろんたとえ相手が悪人だからといって、暴力が肯定されるわけではない。ただし、安藤の目的が金や組織基盤の拡大でないことは明白だ。こんな事件を引き起こせばただで済まないことなど、子供にだって分かる。安藤はじめ安藤組幹部たちも、壊滅的な打撃を受けると自覚していた。しかし、安藤にとってのプライオリティは、実より名、利益より義憤が上位にあったのだ。そして安藤がやると言う以上、組織の進む道はたったひとつ。たとえそれが破滅への一本道だったとしても。

こうしてみると、暴力社会の中で、安藤組がいかに異質の集団だったかが分かる。利益集団である現代暴力団が同様の事件を起こすことは、おそらく、未来永劫あり得ない。

その生きざま

安藤昇は大正十五年五月、東京・新宿に生まれた。ガキの頃から不良で、喧嘩は負けたことがなかったという。とくに、力で頭を押さえつけられるようなやり方には、徹底的に反抗する傾向が強かった。力の社会である不良少年の間では必然的に摩擦が生じ、喧嘩を繰り返すことになる。

一帯の不良少年の頭目になるのに、そう時間はかからなかった。中学生になるといい顔の兄ィとして大学の学帽をかぶり、東京中の盛り場を闊歩した。地元ではそれなりの顔とはいえ、大人の社交場ではただのガキだ。喧嘩に継ぐ喧嘩の日々はそれからも続いていった。喧嘩相手は、当然ながらいつも格上の人間である。

その後満州に渡り、少年院に入所するなどしたが、昭和十八年、乙第二十一期飛行予科練習生として三重海軍航空隊に入隊。一年半あまりの訓練期間を経て、横須賀の伏龍特攻隊に配属された。もし戦争が後三ヵ月長引けば、安藤が爆薬を抱え海の藻屑となっていたことはいうまでもない。復員後、二ヵ月あまりを両親の疎開する藤沢で過ごすが、すぐに上京。東京は焼け野原で、生家は瓦礫《がれき》と化していた。「沸々とした怒りがこみ上げた」という安藤の心境は、今の時代に生きる我々には、決して実感し得ないものだろう。

その後、不良仲間とともにヤクザ組織を向こうにまわして暴れ回る。博奕場や露店という利権を持っているヤクザたちにとって、失うもののない安藤たちは脅威の存在だった。戸惑うヤクザを尻目に、安藤は牙をむき出しにして、小賢しげな組織の論理と対峙した。先手必勝とばかり、数十人の武装組員が待機する事務所に、兄弟分の加納貢と機関銃を持って殴りこみにいったというから無茶苦茶だ。

戦後すぐの頃のシノギは、おもに占領軍物資の横流しだった。もののない時代、知り合った日系二世を通じ安藤が仕入れたご禁制の品は、数倍の値段で飛ぶように売れた。だがある時、中華系の不良とのトラブルで安藤に刺客が襲いかかる。不意打ちをかわしきれず、相手のナイフが安藤の顔面をざっくりと引き裂いた。安藤の左頬には長く深い傷跡が残っていたが、この疵が安藤組誕生のきっかけだったのかもしれない。

そのうちに安藤の周囲には多くの不良少年が集まるようになった。その流れが自然発生的に「安藤組」を誕生させるのである。ある大幹部は、「安藤は俺たちの空腹と精神的な飢餓感を満たしてくれた」と語る。安藤は社会からはぐれた若者たちの救世主だったのだろう。

革新性ゆえの脆さ

戦後の裏社会を席巻した「安藤組」は、古典的なヤクザ組織とはまったく違う性質を持っていた。その先進性は安藤組をあっというまに膨張させ、組長の安藤昇は瞬く間に時代の寵児となっていく。組織運営の手法はまさに時代の一歩先をいったもので、「組長という呼称は禁止で配下は安藤を社長と呼び、伝統的な戒律を無視。指詰め厳禁で、幹部はグレーに統一されたベネシャンのスーツに黒のネクタイ。襟元に輝くアルファベットのAの代紋」といった目に見える表面的なことはもちろん、シノギも、組織体系も、組員の意識も、既存の博奕打ちやテキヤとまるで方向性が異なっていた。その類い希な異質性のため、安藤組は自他ともに認める「愚連隊」と言われた。

だが、それは安藤組を包括する概念がなかったからで、安藤組が戦後の裏社会において、多くのヤクザ組織と対峙しながら過激な抗争を繰り広げた暴力集団であることに変わりはない。抗争に継ぐ抗争を重ね、暴力を基調にしながら、安藤組はあらゆる社会への侵食を開始し、全国にその名は鳴り響いていった。ヤクザをどう定義するかでカテゴリーの変化はあるし、時代の一歩先を進んでいた異質さはもちろんだが、一般的な現代の通念から言えば、安藤組は歴としたヤクザ組織と考えていい。いってみれば現代暴力団の先駆けであり、現在のヤクザ組織の多くは安藤組の軌跡をそのまま踏襲・模倣しているとも言える。

安藤組は現代ヤクザ組織と決定的に違う点を持っていた。組織というものはそれに関わる人間の利益を第一に存在するもので、巨大化すると一人歩きを始めたり、暴走したりする傾向がある。しかし、安藤組はあくまで安藤の求心力が組織の中心に存在し、組織全体の利害は無関係だった。安藤の意思だけが組織の進む道である。つまり安藤組とは安藤昇個人と同義であり、安藤無しでは決してあり得ない存在。その点、組織としては非常に幼稚で脆弱である。たとえるなら、ガキ大将を先頭に悪ガキが集まったようなものに近く、大将が討たれれば総崩れになってしまう中世戦国時代の侍集団同様、システムの根幹にあるのは前時代的なアマチュアイズムに他ならない。

とはいえ暴力社会の中で、縦横に張り巡らされた意思伝達の回路や、組員の意思が反映される合議制は、組織を無意味に複雑にする。喧嘩はシンプルな組織ほど強い。事実、安藤組は喧嘩の場面になるとヤクザ組織を凌駕する暴力性を発揮した。〈すべては安藤のもとに。安藤の名を汚すことは誰であろうと許さない〉組員の頭にはそれしかないのだ。

喧嘩相手が様々な利害を考え、その後の展開を有利にしようと事後処理を相談していれば、あっと言う間に安藤組が事務所を包囲する。集団戦を想定し、手の込んだ駆け引きを模索していれば、安藤が拳銃を手に単身で乗り込んでくる。ヤクザ組織が乱立し、無秩序な戦後の時代を勝ち残ってこられたのは、幼稚さと対の位置にある単純明快の論理がなにより強さとなったからだろう。

背負い続けた「男の看板」

だから終焉も唐突だった。

昭和三十三年六月十一日、安藤組一の射撃の名手と言われた襲撃犯が銀座八丁目のビル内にある東洋郵船社長室に乱入、横井英樹社長（当時四十四歳）に一発の銃弾を発射した。安藤組崩壊の序章である。襲撃までの経緯を繰り返せば、安藤に持ちこまれた債権回収の際のトラブルで、交渉に赴いた安藤に対し、取り立てを受けた横井が「金を返さない方法はいくらでもある」、「うちでは君たちのような人間にもコーヒーをだすのだから」などと、挑発的な舌戦を挑んだことが原因だ。

だが、「ボロ儲けの天才」といわれた横井は法を逆手に利用し、人道的に問題が多いとはいえ、法的にはなんの問題もない表社会の悪人である。裏社会同士のトラブルならともかく、表の企業人に対する暴力手段での制裁は、安藤組に壊滅的な打撃を与えることは容易に推測できた。

だが、安藤に迷いはなかった。安藤の指示で赤坂支部が中心となって、襲撃班が結成される。襲撃はあくまで威嚇のためだったが、混乱の中で心臓のある左側面を誤射。弾丸は横井の体内を駆け抜け、右腹部に達してしまう。奇跡的に一命を取り留めたとはいえ、安藤の行為に世論は沸騰した。警視庁には大々的な捜査班が設置された。

もとより安藤に逃げるつもりなどなかった。だが、新聞記事で「善良な市民を暴力団が襲撃した」という論調の記事を読み、再び全身の血が逆流した。

〈だったらとことん逃げてやる〉

持ち前の反骨精神が鎌首をもたげ、その後安藤はパンナム航空の制服を着込み、真っ赤なオープンカーで厳重な包囲網を脱出。三十四日に及ぶ逃走劇を繰り広げることになったのである。安藤をはじめ、幹部の多くが検挙され下獄すると、安藤組の力は急激に弱体化していった。留守中の陣頭指揮を執ったのは、伝説の喧嘩屋・花形敬。だがその花形にとっても、安藤不在という根本部分を欠落した安藤組を統制することは難しかった。裏社会を腕一本で押しまくっていた男が、組織を維持していくだけで精一杯となり、守りの姿勢に入る。それが花形の隙を生んだのだろうか。安藤の社会復帰を一年後に控え、花形は対立していた組に襲われ絶命する。

さらに、安藤が娑婆に戻ると、国学院の空手部の猛者だった大幹部の西原健吾が殺害された。安藤はついに組の解散を決意。昭和三十九年十二月、東京千駄ヶ谷区民講堂で安藤組解散式が行われた。

安藤組解散後、幹部のほとんどは安藤同様暴力社会と決別した。だが、他のヤクザ組織へ参入する人間も少なくなかった。いまさら他の道では生きていけないと思うのは、ある意味当然のことだ。

社会は、いくら更生してもアウトローには冷酷である。そのため、配下によって安藤組再結成が計画されたこともあった。東京を中心としたヤクザ組織には元安藤組の人間が数多く存在したが、彼らのほとんどは外様というハンディをものともせず、暴力社会に確固たる地位を構築している。

その後の安藤は自らの半生を綴ったドキュメントを上梓するなど、精力的な活動を行っていた。裏社会をテーマにしている人間にとって安藤昇は格好の題材だが、これまで彼の人生を第三者による客観的視点で描いたものは皆無である。それは安藤自身が手掛けた私小説が、作品として高い完成度を持っているからだ。これらの書物は現在でも入手は簡単だし、二〇一五年に亡くなる直前まで新刊も数多くでていた。

安藤の半生を一括りにすることは不可能だ。だが、常に男の看板を背負って生きていたことは疑いようのない事実である。

鮫の行動原理

安藤昇は鮫である。泳ぎ続けなければ体内に酸素を取り込むことができない。だからその行動はいつも世の中の常識を超え、時にヤバいほど過激だった。人間機雷の特攻部隊から復員し、瓦礫と化した渋谷の街に降り立つと、瞬く間に裏社会を席巻する。

伝統的ヤクザは常に権力から利益を得ている存在だ。アウトローとはいえ体制側の人間であり、内情はがちがちの権威社会である。安藤はそれらに迎合せず、自ら道を切り開くことを選んだ。前例のない組織体系、前例のないシノギ。くだらない権威や旧来のしきたりを懐に呑んだコルトでぶち壊し、時代の一歩先を走り続けた。新聞紙上には毎日のように愚連隊「安藤組」の文字が躍る。

安藤のエンジンを止めるには、その心臓に鉛玉をぶちこむ以外に方法はない。そのため、愚連隊時代は幾度となく刺客が襲った。だが、正面からぶつかり合っても誰も安藤を殺ることなど不可能である。刺客たちは狡猾な不意打ちで罠を仕掛けた。安藤の頰に刻まれた疵はデッドラインのギリギリを歩いてきた証明だ。

自分が作り上げた安藤組が裏社会の権威になると、それさえも躊躇《ちゅうちょ》なくブチ壊した。徹底した権威に対する反発と、安寧に対する嫌悪。その後、安藤は俳優業に転身する。

誰もが「まさか」と思った。しかし、俳優・安藤昇は、現在のように元スポーツ選手が片手間で行う安っぽいものではなかった。主演映画は記録を塗り替える大ヒット。なにをやっても稀代のラジカリストなのである。オンタイムで安藤を知ることのできた世代なら、その名を聞いたことのない人間などどこにもいない。男も女も、ブルーカラーもホワイトカラーも、表社会に生きる堅気も裏社会に潜むアウトローも、この男には度肝を抜かれ続けた。生け簀のようなぬるま湯で泳ぐ魚というべき現代人にとって、どんな環境でも過激に泳ぎ切った鮫――安藤のロジックこそ格好の指針となるのではないか。

安藤昇の告白

――以下は著者による安藤のインタビューである。

＊

配属された部隊は特攻隊とはいっても、背中に爆弾背負って海に潜り、相手の船を艦底から狙うという、今考えれば馬鹿げた戦法だった（安藤が配属されたのは伏龍特別攻撃隊といわれた人間機雷の部隊だった。簡易潜水器を装備し潜水しながら、約五メートルの竹竿の先端につけた五式撃雷で水中から敵艦を奇襲攻撃する。もちろん自分の命はない）。同じように人間爆弾となったヤツが何人も海の中に潜ってるんだから、自殺のようなものだ。誰かが爆発したら、みんな誘爆しちゃって終わり。そのくらい当人である俺たちにだって分かっていた。だが、追い詰められて、考えが浮かばないんだろう。それでも俺たちは真剣だった。とにかく絶対にやってやると思っていた。

たしかに観念は現実の世界では無意味かも知れない。具体的に言えば大和魂だけで戦争には勝てない。でも、人間は自分がいま現実におかれているその場を、全力で生きるしかないだろう。生まれる環境や時代は選ぶことができない。自分の力でどうにもならないことは、いくら考えて、思い悩んでも仕方ない。「断崖から手を放って爾後《じご》を待つ」というが、自分の心に嘘をつかず、思うまま生きてきたのなら、なんの後悔もないはずだ。

だから、くだらないことに責任を転嫁せず、絶体絶命のピンチにおかれても、その原因は自分にあると思った方がいい。性格は内在化した運命。汚いことをしている人間は汚く生きるのだろうし、嘘ばかりつくヤツは嘘にまみれた人生を送る。せっかく生まれてきたのだから、正直に生きて、やりたいことをやっていればいいんじゃないか。そして尻は自分で拭く。そうすれば誰になにも言われる筋合いもない。ただ数年前、渋谷で「安藤組」を名乗った不良がいてね。そのときはうちの若いヤツが、すぐに止めさせたらしい。俺もそれは困るな。なにか悪いことをすれば、みんな俺のせいになっちゃう(笑)。

戦争が終わったとき、東京は一面灰になっていた。見渡す限りなにもなかった。そりゃあ生きている自分にホッとした気持ちもあったけど、言葉にできない怒りが湧いてきた。東京はバカバカ爆弾を落とされて、女子供はただ泣きながら死ぬしかなかった。右翼とか左翼とか、イデオロギーなんて関係ない。一面灰になった街を見て、誰だってそう思うはずだ。だからといって不良になったなんて言うわけじゃない。今の世の中に生まれたって俺はやっぱり不良だろう。考え方が不良だからね。怠け者というかさ。

今みたいにラブホテルなんてなかったから、よく花園神社なんかに行った。あそこは暗がりが多くて、やるにはちょうどいい。新宿で喧嘩とセックスといえば花園神社、有名だったよ。神聖な場所ではあるが、非常事態だから神様も許してくれるだろう。どうも話がそれたな（笑）。

今の人間はその点幸せだ。でも、いったいそれが本当の幸せかというと疑問に思う。ものがないから、不自由だから、楽しかったということだってある。なんでも手に入るような満ち足りた生活をしていたら、どんなごちそうを食っても、いい女とやっても嬉しくないだろ。なにもない状況が幸せを生む。今の若い奴らは理解できないかもしれないが、逆にかわいそうに見えることもある。

その上親たちは、子供を厳重に守り、欲しがるものをなんでも買い与える。俺みたいに子供をまったく放っておくのもどうかとは思うが、幼稚園のころから何でも親が掛かりきりで、勉強しろ、いい子でいろと言い続け、まともに育つわけがない。だいたい、いい学校に入って、いい会社に入ったからといって、素晴らしい人生というわけじゃない。挙げ句にリストラされてしまえば、そんな過保護な中で育った人間はどうすることもできない。頭を押さえつけて、他人を動かすなんて馬鹿げている。たとえ自分の子供でもね。

安藤組には規制はなかった。そんなの当たり前のことだ。来たいヤツは来ればいいし、嫌なら去っていけばいい。ただ、嘘をつかず、歯から先に出た言葉には責任を持つ。それでずっと通してみな。花咲くことがきっとあるから。だが人生を嘘で塗り固めていると、やっぱり駄目なんだ。不思議なもんだよ。そして、絶対に仲間は裏切らない。友達が泥棒だろうと、人殺しだろうと、大臣だろうと関係ない。裏切らなければいい友達だし、裏切る人間はどんな立場にいる人間だって最低だ。でも女には別だぜ(笑)。嘘をつくなっていうのは、男の世界の話。女とは、騙し騙されのゲームを楽しんで、男同士の約束は守る。それで楽しい人生になるんじゃないか。

俺の子供時代、そうだな、中学生のころから新宿、渋谷、銀座の三ヵ所をグルグル回ってた。上野や浅草、池袋なんかも行ったけど、回数が違う。面白かったのは銀座。遊ぶには最高の街だった。その中で俺が渋谷を本拠地に選んだのには理由がある。渋谷は当時から大きな街だったけど、とにかく、たくさんの路線が入り込んでいる。山手線もあれば地下鉄も私鉄もある。街はビルや建築物が作るんじゃない。人間が作るものだ。今以上に発展する街だと考えたのも、渋谷にはもっとたくさんの人間が集まってくると思ったからだ。今の渋谷は、なにやら子供の街らしいが、それはそれでいいんじゃないか。中学生の時から遊んでいた俺にそれを批判する資格はないよ。渋カジの元祖は俺たちだしね（笑）。

東興業は万年会長（万年東一。東京の不良の元祖と呼ばれ、安藤の兄貴分の兄貴分。愚連隊流儀ではヤクザでいう親分筋）の一字をもらい、バッジ（アルファベットのA。後にも先にも安藤組だけである）を作った。いろいろな案があったが、最終的に俺がデザインしたヤツにした。人と同じじゃつまらねぇだろ。制服を作った理由は簡単なこと。だって考えてみな。ダボシャツ着たり、アロハ着たり、それぞれが好き勝手なカッコしているのと、みんなが同じスーツ着てビシッとなのとでは、まったく印象が違う。それだけでなにかありそうな感じがする。見かけやカッコなんてどうでもいいというのは嘘だ。中身がなくちゃ本末転倒だが、立場や外見が人間をつくることだってある。洋服屋を呼んで十四、五着作らせたかな。幹部連中にだけ与えた。

幹部たちはみんないいヤツだったよ。花形（花形敬。安藤組大幹部、本田靖春の『疵』に書かれた素手ゴロの達人）だって、世間で言われる花形と実像は違う。なんていったらいいか、かわいいし、真面目だし、繊細な人間。一度あいつが刑務所に入っているとき、手紙が来たことがあったな。綺麗な字でびっしりと、中でのことや出所後の展望みたいなことが書いてあった。明治のラグビー部だから、たしかに体はがっちりしていた。ヤツが酔っぱらって機動隊に囲まれたエピソードは最高だよ。乱闘になり、機動隊員二人をのしちゃったんだが、そのことを知った向こうのトップは「普段からだを鍛え腰に拳銃までぶら下げているのに、街の不良にやられるなんてどういうことだ」と、逆にのされた機動隊員に激怒したそうだ。考えてみればその通りだけど、粋な人だな。

不良は売られた喧嘩は迷わず買う。たとえ相手が誰であってもね。だが、闇雲に暴れ回っているわけじゃない。それじゃあただの狂犬だよ。あの事件（東洋郵船社長横井英樹襲撃事件。これをきっかけに捜査四課、通称マル暴が新設された）もそうだ。迷いなどまったくない。俺たちはたしかに不良で乱暴者かもしれないが、人間としての善悪はわきまえている。その後逃亡したのも、俺たちを暴力団と呼び、あんなあくどいことをしている横井を「善良な市民」と書き立てる世間に一泡ふかしてやれと思ったからだ。逃亡しながら横井の親分格の五島慶太を恐喝していた。金額は一億円、いまなら百億くらいの金に当たるだろう。その半分を検察や警察にばらまこうと思っていた。自信はあった。汚い人間をかばう汚い人間なら必ず金に転ぶ。

しかし、五島側の弁護士が「三千万なら」といってきた。俺が直接交渉したわけじゃないから細かなことは分からないが、もちろん蹴った。本当は三千万でもいいのだが、どちらにしても普通の人間には縁のない金額だから、即座に三千万用意できたということは、一億だって用意できる。値踏みをされたようで、値切りやがったことに腹が立った。

捕まったときは、映画とは違い二階で将棋を指していた。一階から「安藤さんですか」と声がしたのでのぞいてみると、階段の陰に四、五人の警官がいる。外には機動隊がぐるりと家を包囲していた。すげえなぁ、と思って「上がれよ」と声を掛けたんだが、一向に上がってこない。やっと上がってきたと思ったらバッと拳銃を構えやがって、「神妙にしろ」。ふざけるなっていうんだ。こっちはさっきから神妙にしているじゃねぇか（笑）。

横井にはその後一度会ったことがある。ダイエーに買い物に行くと、向こうからきたヤツとばったり鉢合わせした。「こんにちは安藤さん。ここは電化製品が安いです」って言うから「ああ、そうか」と答えた。どうやらダイエーに土地を貸していたらしい。なりふり構わず金を追いかけた人生は幸せだったのかもしれないが、結局なにも残っていない。死んだと聞いてもとくに感慨もなかったな。

解散したことについては未練なんかまったくなかった。花形や健坊（西原健吾。安藤組大幹部）の葬式で、母親が棺に取りすがって泣いていた。なにも言わないが、針のむしろっていうだろ、そんな感覚を背中に感じた。何度も「俺が殺した」と自問自答したよ。俺がこんなことを続けていたら、これから何人死ぬか分からない。殺った、殺られたということを繰り返していたらキリがない。虚しいだけだ。今世間を騒がせているテロ事件だってそうだ。報復を繰り返していたらキリがない。アメリカや先進国はテロだと決めつけるが、命を懸けて事を成し遂げるというのはよっぽどのことだろう。俺だって同じ事をやるさ。あれだけ追いつめられたらね。それを一方向から見た理屈だけで善悪を言う。テロリストも反対側から見れば英雄なんだ。戦争にいい悪いなどという論議は不毛だよ。

じゃあ不毛はやめて、有毛な大人の女の話をしよう（笑）。

俺の初体験は七歳のときだった。孔子が「男女七歳にして席を同じくせず」というのは正しいわけだ。チンポは勃ってるんだが、いきゃしない。セックスだってなにがなんだか分かっちゃいないから、本能なんだろう。テクニックだって全部実践。あんなもの勉強して上手くなるものじゃないよ。

いい女とはセックスが好きな女のこと。なんの反応もない女を抱いていたってつまらない。処女崇拝論など、俺にはまったく理解できない。「セックスが嫌い」なんていう女には魅力はない。しとやかじゃなきゃ困るが、女優もお嬢様も不良娘もやりゃあ一緒。バラにはバラの良さってものがある。なにか一ついい形があって、あそこが臭くなきゃ問題ない（笑）。でも、今のガリガリの女はあんまりいいものではないな。

世界中には何億、何十億という人間がいる。その営みが何千年と続いてきた。その上女が魅力的なのは二十歳から三十までおよそ四千日ときてる。せっかく生まれてきたんだ。どんどんセックスして、人生を楽しまなければ損だ。「英雄色を好む」というのは、余裕があるかないかの差だろう。気取ったってしかたないし、嘘をつくのは嫌だから、いい女に出会ってやりたいと思ったら「やらせろ」と言う。それでいいんだ。目の前にいる「いい女」と出会った確率は、まさに天文学的確率。今を逃がすと二度と出会えない。「嫌です」と言う返事なら、さっさと他の女のところへ行けばいい。

でも、時に困ったこともある。ある時、渋谷で旅館の女将といい仲になった。そのうち舎弟連中がその旅館に寝泊まりするようになったんだが、夜一発やると翌朝のおかずが、がらっと違う。女将は中肉中背、三十歳くらいでもち肌、いいカラダだよ。だから俺だって一日一発ならいい。でも一戦交えて寝ると、夜中に俺のチンポをしゃぶってる。若いからやっぱり勃つ。結局三発、四発ってことになる。義務感だからほんと苦痛だった。女が増えすぎて、除夜の鐘を聞きながら七人の女を回ったこともあった。順番は適当だけど、みんな寸止めするのがコツだ。そうじゃなきゃ、さすがにもたない(笑)。でも、たった一人だけ、俺にもまったく手の出せなかった女がいる。一日だけしか会っていないんだが、本当にいい女だった。綺麗過ぎてチンポも勃たない。今でも思い出すことがあるな。

俳優になったのはとにかく金がなかったから。映画の仕事をすれば、飯が食えた。カメラやライトの前で演技をするなんて気恥ずかしさもあったが、なにかを作り出すことは好きだから、それほど苦痛じゃなかった。もちろん、俺の映画が当たるなんてこれっぽっちも思っちゃいない。

それから監督やプロデューサーもやるようになり、たくさんの映画を撮ったが、自分の映画で気に入ってる作品は一つもないよ。映画は結局、ホン（脚本）だ。撮影前日まで手直しするが、やっぱり『ゴッドファーザー』のような映画は作れない。

『やくざ残酷秘録　片腕切断』（一九七六年。監督・安藤昇）なんて本当にいいかげんなものだ。とにかくどんどん作って金を回していかなきゃならなかったから、八百万くらいの予算と十日ほどの日程で、あっという間に作った。腕の切断はやらせ。本当に斬れるわけがないだろう（笑）。あれは実は俺の腕なんだ。畳を立ててカメラを寝かせ穴からひょいと手をだしたんだ。

指を詰めるシーンは本物だ。専門家に聞くと、切り落としてすぐならもと通りになるらしいとのこと。三十万円で小指を切るヤツを探して、現場に医者を待機させて撮影した。ただ、本来は関節の構造からいって、掌を表側にして切るほうが具合がいいんだが、そこは迫力が違うだろ、見栄えのいいように反対から切ったけどね。

俺は人に誇れることはなにもしてきていないが、人の何倍もの人生を楽しんだ自負はある。軍人、不良少年、ヤクザ、映画俳優、監督、作家、喧嘩もしたし、刑務所にも入った。やり残したことなどなにもない。

＊

俳優に転身後、ある裏社会の人間が引退した安藤の前で少々不遜な態度を示したとき、安藤は「俺は男を捨てたわけじゃねぇ」と一喝した。男は男らしく、女は女らしく生きる。そのことにヤクザと堅気という差異はもちろん、職業も、立場も、年齢も関係などない。

一触即発の方程式を生き抜いた安藤の人生は単純な定理に貫かれている。だが単純なものこそ極限状態では強い。人生も生活もシステムも、複雑にすればするほど脆いのだ。安藤昇がこれからも長く語り継がれるとすれば、それは彼のロジックが誰にでも当てはまるシンプルで普遍的なものだからである。安藤スピリッツは永遠なのだ。

横浜四天王伝説──稲川会の礎を築いたヤバいヤツら

目をつけられたらお終い

蛇蝎《だかつ》のように嫌われていた。

筋を重んじ、伝統的な戒律を守り続けてきた金筋博徒ほどヤツらを憎んでいる。なにしろまったくもって道理が通らないのだ。揚げ足をとられ、難癖をつけられても、話し合う余地すらないのである。

無茶苦茶なイチャモンに腹を立て、拳の勝負になればそれこそヤツらの思うつぼだった。舌戦以上に勝ち目がない。さらに不利な立場に追いこまれてしまうのがオチだ。たとえナイフや拳銃を持たせた若い衆に囲ませても、包囲網など一瞬でぶちこわされる。小学生力士が集団で横綱に嚙みついたところで、ほんのわずかな痒《かゆ》みを覚える程度のもの、痛くもかゆくもない。

ヤツらに目をつけられたらお終いだった。

ある博徒は賭場に乗り込まれ、寺銭《テラセン》（賭場開帳により得られる手数料）をごっそり奪われた。賭場が賑わい、寺袋に金が集まるころ、ヤツらは不敵な笑みを浮かべてやってくる。懐から拳銃を取り出し、金の代わりにその拳銃を張るのだからたまらなかった。当たれば当然配当を払わねばならないが、負けたとしてもそれ以上どうすることもできない。がたがた言えば、金の代わりに鉛玉をお見舞いされると誰もが知っている。

旅に出れば、事務所に乗り込んで草鞋銭《わらじせん》を要求した。社会の枠組みを外れた者同士の相互扶助の精神を逆手にとり、正門から堂々と金をむしり取っていくのである。もちろん掛け合いなど不可能で、喧嘩もできない。渋々ながら仕方なく金を出すのがたったひとつの選択肢だ。

「こんなはした金を出しやがってなめてるのか！」

金額が少ないと恫喝され、有り金すべてを巻き上げられた。アウトローとしてのプライドや是非の問題ではない。生きて行こうと思うなら、おとなしくしているしかないのである。

戦後の横浜で愚連隊四天王と呼ばれた井上喜人、出口辰夫、吉水金吾、林喜一郎に敵はなかった。裏社会の顔役たちは傍若無人なヤツらの暴走をただ歯ぎしりしてながめていた。

母の屍をリアカーに乗せて

彼らはそれぞれの地域で地盤を持つ独立愚連隊である。井上は小田原、出口と吉水、そして林は横浜の各地から徐々に地盤を広げ、その過程で意気投合し、一種のグループを形成していったのだ。その後、個別に稲川会に加入し、同門となったが、それまでは四人とも誰の下にも付かず、誰の軍門にも降らなかった。みな他人に頭を下げるなら死んだ方がいいと思う人間ばかりだ。

だから最初は激しくぶつかりあった。

愚連隊の思考は単純である。拳を振りかざして相手を屈服させることしか考えていない。負ければ舎弟、勝てば兄貴、人間関係の序列を決めるのは暴力だけである。しかし、希《まれ》に勝負がつかず互いの力量を認め合う事があった。彼ら横浜愚連隊もその口だ。

当初は井上喜人と出口辰夫、吉水金吾と林喜一郎の間に交流がうまれ、二つの縁がひとつになった。未遂となったが、最終的に東海道筋の博徒連合を敵に回した大抗争を契機にして、仲間意識が深まっていったらしい。危険を共有すると、人間関係は一気に親密さを増す。運命共同体となって命のやりとりをした四人は戦友のようなものと言っていいだろう。

各人の気質を一言で言うと、井上は突破者、出口は破滅型、吉水は調整役、林は長男体質といえる。それぞれの個性が融合して大きな力となって、横浜愚連隊は大きなひとつのムーブメントとなったのである。

井上は暴力社会の風雲児だった。実力もオーラも戦後ヤクザ社会随一といえるほど頭抜けていた。一睨みされただけで、たいていの人間はすくんでしまう。だから喧嘩や掛け合いの見事さは井上の真骨頂だったという。一対九の分の悪い掛け合いも井上の一言でひっくり返った。結果、悪くても五分五分、大部分は圧倒的に有利な展開で終結したらしい。

広域組織としての稲川会の基礎をつくったのも井上だった。彼の理事長時代、稲川会は熱海の博徒組織から一気に巨大組織へと変貌したのである。

だが、井上は突然絶縁処分を受けることとなった。井上にとっては青天の霹靂《へきれき》である。実際、絶縁後の井上は荒れに荒れたらしい。この世界で無類の実力者だっただけに、失意の度合いはひどかったのである。

それでも井上のネームバリューは絶縁後もまったく衰えなかった。現役時代どれだけ組織力をもっていても、ヤクザを辞めればただの人という親分も多い中、井上のような人間は例外中の例外である。それは彼の本質が組織に頼らず、自分の力だけを信奉する独立独歩の愚連隊だったからだろう。何十年という歳月を越えても、彼の存在感は個人の資質によるものであり、そのリアルな恐怖を蘇らせる力が残っていたのだ。いくら隠しても、どうしたって見えてしまう存在。隠せば隠すほど、被いを透過して光が漏れる力。彼――井上喜人こそヤクザ社会の天才であり、最大の反逆者といえる。

井上の暴力性を目覚めさせたのは、父親だったと考えられる。無類の遊び人だった実父を支える母親を見て、次第に生活が荒れていったのだ。なにしろ母親が病に倒れ死んだときすら、父親は自宅に帰ってこなかった。井上は母の屍《しかばね》をリアカーに乗せ、たった一人で火葬場まで運んだという。いい加減な世の中、勝手なことばかりする大人たち。そんな矛盾や欺瞞が彼の中の鬼を目覚めさせたのかもしれない。

この井上と兄弟分だった出口辰夫は二丁拳銃がトレードマークで、喧嘩の強さでは伝説的だった。本格的にボクシングを学んだこともあり、素手ゴロの強さは人間離れしていたという。

　小田原の井上喜人宅へ遊びに行った際、腕自慢の土方数人が出口に「肩がぶつかった」と因縁をつけてきたことがある。出口はガタイが小さく一見すると華奢《きやしや》に見える。風貌もダンディで、鋭い目つきをのぞけば、あからさまな暴力性は感じられない。肉体労働で鍛えた体軀をもつ土方たちにとっては、安全パイに見えたのではないか。

　その自信は数秒後には砕けちった。

「アッという間だった。こまかく説明してやりたいけど、ほんと、気づいたら相手はみんな倒れていた」

　現場を目撃した某組長は必死になって出口を止めたらしい。このときに限らず、出口が喧嘩をする横には必ずそれを制する舎弟たちの姿があった。危険だから止めるのではない。放っておくと相手が死んでしまうからである。

　激高することもなく、いつも屈折したクールさを持っていた。社会を斜視したようなニヒリズムが出口を支配していたのだ。しかし、その反面、稲川総裁に心服し、稲川会に加入したのは一番早い。人一倍寂しがり屋で、暴力社会に飛び込んだのも頼るべき支柱を探していたのかもしれない。

また洒落者でファッションセンスはピカイチだった。洋画『モロッコ』を見て以来、いつかはモロッコに行きたいという夢を抱き、そこから「モロッコの辰」という異名がつけられたというロマンチックな一面もある。ちなみにヤクザ社会では、本名よりもモロッコという異名のほうが通りがいい。だからだろうか、このうえない人間的魅力があったようだ。一向に金儲けに頓着せず、配下に金銭的メリットがなかったにもかかわらず、多くの舎弟たちがモロッコを慕っていた。

しかし精神的屈折はモロッコをヘロインに走らせた。そして彼は麻薬によって命を奪われるのである。

凶暴さとしなやかさ

吉水金吾は横浜・伊勢佐木町の愚連隊である。学生相手の用心棒から最終的に博徒の暴力外注先になったのだから、その暴力性をあらためて説明する必要はないだろう。明晰な頭脳と度胸で一帯に名をとどろかせ、知り合った林喜一郎とともに怒濤の進撃を開始した。稲川会加入後も最高幹部として組織発展につくした。

一派が膨張すればするほど吉水の果たす役割は大きくなっていった。集団に勝つためには個人の喧嘩とはまったく違う要素が必要である。他人の意見を聞く耳を持ち、自分の力に慢心せず、用意周到に作戦を練り上げる吉水は欠かせなくなったのだ。

その後実業家へ転身したのも、彼の冷静な洞察力が、暴力の時代の終焉を見越していたからかもしれない。

その盟友だった林喜一郎は一派のまとめ役だったという。実際、井上もモロッコも吉水も、林の言うことを誰よりも信用していたらしい。がっしりとした体軀と腕っ節を誇り、愚連隊時代は賭場の盆茣蓙《ぼんござ》の上に寝転ぶなど無軌道ぶりを発揮した。しかし、引くこともできる柔軟さを持っており、貧しかった少年時代、大家族を支えてきた経験からか、常に事後処理や仲間のことを考えて行動する。仲間から寄せられた信頼は、林が友人を決して見捨てない人間だったからではないか。

だから林にはストイックな博徒の水が性にあった。横浜四天王はこぞって稲川会入りしたが、稲川会の危機的状況を見事な手腕で乗り切りヤクザとしての人生をまっとうしたのは林だけだ。

どうして彼らはそのまま愚連隊としての生き方を貫徹せず、博徒の系列下に入ったのか。社会が秩序を回復し、裏社会でも無軌道な行動が容認されなくなっていったのも理由のひとつだろう。しかし、唯我独尊を信条に横浜を暴れ回った横浜四天王たちの心をとらえたのは、彼らの親分となった稲川会稲川聖城総裁の何気ない言葉や行動だったという。不思議なのは、その彼らを心変わりさせたというエピソードがあまりにも普通すぎることである。「がんばれよ」、「しっかりな」、極論すればたったこれだけで横浜四天王は稲川会入りするのだ。

言葉や行動は、それを発する人間たちによって毒にも薬にもなる。人間がブリキを金に変えてしまうのだ。原始的で荒削りなヤクザ社会には、人間の原点が顕著に現れる。愚連隊横浜四天王の生き方は、様々な面で人間性の本質を教えてくれるとはいえないか。

加納貢——生涯一愚連隊を貫いた反逆者

目的は金ではない

加納は大正十五年、東京・初台に生まれた。父親は某銀行の創業者、はっきりいえば金持ちのボンだ。そのことに触れられるのを最も嫌がる加納だが、裏社会の利権にまったく目もくれず、例外的に理想を追い求める〝綺麗な〟アウトローとして生きることができたのは、けっして育ちの良さと無縁ではないだろう。ちなみに、「愚連隊の元祖」万年東一や兄弟分である「愚連隊の王者」安藤昇、その配下である花形敬なども、みな同じように裕福な家庭の子息だった。そのため、社会の底辺から伸し上がっていくというたハングリー精神、ドロドロした権力欲などを彼らから感じる事はとても少ない。だが、彼らはいわばきわめて少数の例外で、愚連隊を美化したり反体制のヒーローと考えるのは大きな間違いである。

愚連隊とは青少年不良団を示す当時の警察用語だが、辞書での意味はともかく、ヤクザ社会では大きく分類して二つの意味で使われることが多い。ひとつは今でいうヤクザ予備軍、組織と密接な関係を持つ暴走族などに近いニュアンスで、ヤクザの親分たちは組に入る以前の自分を「愚連隊だったころ」と言ったりする。もう一つは伝統にとらわれない新興ギャングという意味で、ヤクザからみても無法者、乱暴者という語感が込められる。

〈最も西洋型ギャングに近いのは、グレンタイであろう。(中略)彼らは金を、酒場、キャバレー、ダンスホール、劇場、レストラン、喫茶店などから脅迫によって巻き上げる。要求が満たされない場合、暴力を使うことに何のためらいもない〉(新潮社刊。『マッカーサーの日本』)

大多数の愚連隊はこうだったと思って間違いない。

だが、彼ら万年一派は特別な「愚連隊」だった。彼らの頭領格は暴力の常習者ではあるが、その目的は金ではないのである。様々な人間からトラブルの解決を依頼されても、金銭を要求することはない。特に加納にはその傾向が強く、極端な話、謝礼はゼロでもオーケーである。気をきかせた舎弟が脅し取ってきたカネを、新宿の路上にぶちまけ、「ふざけたことをするな」と一喝したことは、一度や二度ではなかった。加納の気質を利用して莫大なカネを儲けた人間も多く存在する。当然ながら、加納の社会での収支はマイナスだ。

また、万年一派は裏社会で隠然たる勢力を持っているにもかかわらず、あくまで組織化を拒み、強い個人としてヤクザ組織と対峙した。兄弟分という横のラインでグループらしきものは作ったが、その実態はとても組織とは呼べない幼稚なものである。なにしろ厳しい規律も掟もない。来る者は拒まず、去る者は追わずなのだ。ヤクザ的要素の強い刺青、指詰めは固く禁じられた。要は新しいスタイルの不良を分類する言葉がないため、便宜的に「愚連隊」と呼称されたに過ぎない。

東興業（通称安藤組）の下部は例外だが、要するに彼らの特徴は個人の暴力を使用しても、集団的な威嚇力を使うことがなかったことにある。集団の力を最大限に利用する暴力のプロから見れば、ただのアマチュアだ。だが、そのアマチュアがプロより強い。それが彼ら「愚連隊」万年一派だった。

普通の少年時代を送っていた加納だったが、中学生の時、友人と歩いていた近所の川縁で、当時不良高校として有名だった中野無線の生徒たちに絡まれ人生が一変する。相手は五人。一回り以上身体がでかい上に、手には竹刀やナイフ、自転車のチェーンなどを持っていた。目的はいうまでもなくカツアゲである。加納より少しばかり不良っ気の強かった友人たちは雰囲気を察し、脱兎のごとくその場から逃げ去った。わけのわからない加納だけが五人の不良高校生に囲まれた。

加納自身はそれまで自分の強さにまったく気づいていない。学校の授業で習う柔道は得意だったが、特に格闘技を学んだこともなかった。だが、「なぜだか怖くなかった」と加納は言う。体内に潜む力を薄々と感じていたのかも知れない。

竹刀が振り下ろされ、ナイフが空気を引き裂いた。チェーンが背後から加納の足元をかすめる。聞き分けのない坊やには、少し痛い目にあってもらおう。凶器は確実に加納の身体を狙い間合いを縮めてくる。

次の瞬間、攻撃をかわし繰り出した加納の右ストレートがナイフを持った男の顔面にヒットした。「ゴフッ」という鈍い音を立てて、相手の身体が宙を舞った。その後「象さんパンチ」と呼ばれた鉄拳の封印がとかれた瞬間だった。相手は四散し、加納の名は一日で近所の不良の間に響きわたった。

以後、その噂を聞きつけた不良たちが、毎日のように加納に挑戦してくるようになる。だが加納は一撃で相手を倒し続けた。近隣の不良を震え上がらせたのは、加納が武器をまったく持たずに常に素手で喧嘩に臨んだからだ。怪物と言われ、化け物と恐れられた。加納を知る不良たちはその名を聞くと裸足で逃げ出して行ったといっても大げさではない。

安藤昇と出会ったのもこの頃である。二人は急速に接近し兄弟分となった。エリアを拡げ、東京中の盛り場を徘徊した。何度も喧嘩を繰り返しながら名前を売って行く。もちろん、連戦連勝だったことは言うまでもない。

喧嘩を買うのは主に加納の役目だったという。育ちのよさがにじみ出たベビーフェイスは、一見するととても不良には見えないからだ。とっぽい格好で知らない街を歩いていると、地元の不良がすぐさま網に掛かった。時には「ニセ加納」まで加納の前に現れた。

「俺をジュクの加納と知ってのことか」

暴力をむき出しにしたごつい男が加納によく絡んできた。

「偶然だな、俺も加納っていうんだよ」

だが、相手はまさかこの優男が「ジュクのミッちゃん」だとは思わない。「上等だ、こっちへ来い」と啖呵《たんか》を切り、空き地へ加納を案内する。次の瞬間、ニセ加納はお約束のように地面にたたきつけられた。いつものように一撃でジ・エンドだった。

新宿愚連隊

戦争が始まると予科練の試験を受け合格するが、日頃の素行不良が明るみに出て合格通知は無効となってしまう。本土で兵役につくも天皇陛下から賜った銃を紛失するなど、相も変わらずの不良ぶりを発揮した。通常なら厳罰は避けられないにもかかわらず、まったくの無処分。ついに出撃の機会はなく敗戦を迎える。運というと非科学的な感じがするが、強い男は強運を持っていた。予科練へ行った同級生はほとんど戦死した。

敗戦で秩序を失った日本は無政府状態となり、暴力社会も大きく様変わりを見せていた。博奕打ちは衰退し、代わりに闇市を支配したテキヤが黄金期を迎える一方で、雨後の筍《たけのこ》のように新興勢力が台頭した。加納が瓦礫と化した新宿に戻ると、生き残った仲間たちが一人、二人と集まってくる。その一派が愚連隊加納グループ、通称「新宿愚連隊」となった。

闇市では利権を争って毎日いざこざが絶えない。発砲事件も多発し、死人も珍しくなかった。特に長い間差別され、敗戦によって解放された台湾省民や朝鮮人の不良団は先鋭化し武装化を図っており、闇市をめぐってテキヤ勢力と激しく対立する。石原都知事が使って物議を醸した「三国人」という呼称がタブーなのは、敗戦国民でも戦勝国民でもない第三のカテゴリーに属する彼らから生まれた、不良団との血塗られた歴史が背景にあるからである。

彼らは戦勝国民待遇であり、日本の警察はまったく取り締まることが出来なかった。下手に手を出せば国際問題にもなりかねない。そこで政府は自らの手を汚さず彼ら台湾省民や朝鮮人アウトローとテキヤを戦わせることで治安維持を図る。抗争終結後双方の首謀者を逮捕し、軍事裁判に送るのだ。多くの愚連隊もテキヤを支援し抗争に参加した。アウトローたちは権力に翻弄されたのである。

　当時の加納も同様で、まさに闇市のトラブル解決センターといった趣があった。テキヤ、アウトローはもちろん、多くの商店主や露天商などが加納の力にすがった。国民が着るものすら不自由した時代に、白いハットをかぶり、バリッとしたスーツを着込んだ加納が闇市を歩くと、サッと人混みが割れ、道が空いたという。ガキの時分にぶっ飛ばした人間たちがヤクザの親分になっていたが、幼少期の上下関係はなかなか消えない。裏社会の顔役たちも加納には手が出せなかった。第一、加納はヤクザではないから、自分たちの米櫃《こめびつ》は荒らさない。触らぬ神に祟りなしである。

　だが、日本の復興が進むと、加納の闇市での役目も終わっていった。博徒組織が息を吹き返すと、組織化したヤクザ組織が加納の前に立ちはだかる。加納はこれに対峙しながら様々な企業を立ち上げ、徐々に裏社会と距離を置き始めた。

　だが、加納自身の生き方は、実を言えば後年になっても全く変わってはいない。ただ、時代がめまぐるしく変化しただけなのである。

　加納は現在も「愚連隊の帝王」のままだ。

加納貢の告白

加納の本質は反骨精神にある。その人生はまさに反逆の歴史と言っていい。だが、加納は反発に存在価値を見いだす闇雲な反逆者ではなかった。行動の裏には常に確固たる理由が存在していたのである。裕福な家庭に生まれながら迷うことなくアウトローとして生きる事を選んだのも、その後、裏社会の掟に背を向け、組織を持たない愚連隊を貫いたのも、加納が社会の矛盾や偽善を見逃すことが出来ないからで、そのため加納は必然的にどの世界のルールからもはみ出してしまったのだ。根っからのアウトロー。それが加納貢といえる。

もちろん加納の求めるアルカディア――偽善や嘘のない社会など、世界中のどこを探したってあるわけがないから、加納の人生は勝ち目のない戦いを続けているようなものである。だが、最後まで自分を曲げなければ、勝つことはないが負けることもない。

愚連隊の帝王・加納貢は今の時代をどう見ているのか？

その言葉には、おそらく、彼が人生をかけて追い求めてきた愚連隊としての帝王学が反映されているはずである。

最近の不良を見ていると情けない気持ちになることがあるよ。見かけとか表面とかの話じゃない。時代が違うと言ってしまえば簡単だが、今の不良にはプライドも信念も無いのが残念なんだ。だいいち、不良が人間として良にあらずとなってしまった。そんなのは人でなしで不良とは違うんだけどね。

＊

人に迷惑をかけるのもまったく平気だし、徒党を組んで粋がってばかりいる。身近な例でいえば、昔の不良は年寄りが電車に乗ってくると当たり前のようにすぐに席を立った。ばかりか座席を占領しているバカがいればそいつを退かせるのが不良の役目だ。今とは全く逆だよな。

また、自分一人で何もできないことは、なによりかっこ悪いことだと俺は思う。愚連隊は当て字で、もともとは「はぐれる」と言う言葉が語源だったらしい。当て字で「愚れて連なる」と書くが、遊ぶときはそうでも、喧嘩はいつも一人だった。てめえのやったことはてめえでカタを付けるから、そのかわり自由なわけだ。だからこそ、不良はヤクザの上でいられる。自分で考え、自分で行動するからね。最近はどうも下になってしまったようだが、本当に残念だ。

みんなが右っていえば自分も右、左に行けば自分も左。そういう奴は、みんなが人殺しをすれば自分も同じことをするのだろうか。かっこいいってことにもいろいろあるが、どう考えても一番かっこ悪い。たしかに集団心理は怖いものだろう。多くの人間が一方向に向かえば、そちらにどうしても流されてしまう。だが、みんながそうなったとき、それを止めるのが不良だ。クラスがまとまるため、誰かを血祭りに上げるってのは昔ながらの村社会そのままだが、普通の枠からはぐれた不良愚連隊なら、その腐った流れを止められる。今はいじめだって、みんなから疎外されないために率先して参加する奴が多いというのだから言葉がないが、そういった馬鹿を戒《いまし》めるのが不良だったんだよ。

でも、今の若い人を見てると、一方では羨ましいとも思う。動物や昆虫の世界でも、オスはメスを獲得するためには必死に努力するだろ。俺たちだって女をものにするためには本当に頑張った。もちろん、硬派と軟派にははっきりとした境界線があって、こっちから媚びたりしないけど、懸命におしゃれをして、いいナリをして、かっこよく振る舞うためにたくさんのやせ我慢をした。

女だってそう簡単には落ちなかった。

最後に女を落とす武器が男気だったから、必死に男を磨いた。だから女にモテる男は男にもモテる。今は全く逆だろう。当時の不良には今で言うアイドルスターのような要素があったんだ。みんな盛り場をステージにして、毎晩必死に戦ってたよ。

今はとにかく女が簡単にやらせるようになったからね。ぱっと見さえよければ、一度か二度デートして、すぐ股を開いてしまう。そりゃあ男だって努力をしなくなるのは当然だ。俺たちの基準でみれば女が全部ズベ公になったようなものだが、男にとっちゃ楽に違いない。いや、本当に羨ましい（笑）。

でも商売に貴賤はないが、生き方に貴賤はある。簡単にやれるからといって、女に媚びちゃいけない。なにも冷たくしろっていってるんじゃないよ。女くらいで自分を捨てるなってことだ。ホストは仕事だからいいけど、生き方がホストになっちゃいけない。だいいち、あんな男、男からはモテない。

男も女も異性にだけモテるってのはどこか歪んでることが多いんだ。歌手だって客が男ばっかりとか、女ばっかりだったら、結局スグにしぼんでしまうだろ。

女性はみんな可愛いけど、なんて言うのか人それぞれ好みってもんがある。俺？　平凡な好みだよ。そうだな、やっぱり美人で乳が大きくてケツがかっこいい女かな（笑）。

昔は新宿にも遊郭（赤線・青線）があったから、俺もよく通った。ヤリに行くというより、寝る場所みたいな感じだった。やっぱり選ぶ女は同じようなタイプになる。一度しとねをともにして具合が悪いと、「この女の部屋には二度とあがらないでおこう」と思うんだが、根がいい加減なんで少しすると忘れちゃう。次にその店に行っても、結局同じ女を選ぶんだ。顔を見ても思い出さないが、不思議なもので部屋に入るとハッとするよ。鏡の前の小物とか、窓からの景色とかね。やばいって思った時にはもう遅いけど（笑）。

でも、本当にいろいろな女がいたなぁ。

堅気の娘だけど、ワイパーに欲情するっていう変な女優もいた。雨が降ってきて、目の前でパタンパタンとワイパーが揺れるとスイッチが入る。催眠効果かなんだか知らないが、「ああ、たまらない」って。こっちはおかげでやれるからいいけど、今でもなぜ彼女がそう思うのか理解は出来ない（笑）。

あそこだってほんと千差マン別だ。すごく可愛い顔して、おっぱいも大きいのに、本当にあそこが海みたいなヤツもいる。入れた瞬間「あれっ」て思うよ。こっちはどこにもぶつかっていない気がするのに、女の方は喘いでる。まさに女体の神秘だな。

戦後、新宿はいち早く復興を遂げた。「光は新宿より」というスローガンを掲げた東口の尾津組マーケット、西口の安田組マーケット（後になっても西口から南口にかけて「新古雑誌」を売っていたのは安田組が多い）、和田組マーケットなど多くの闇市が立ち並び、物資のない時代だが、日用品、酒、煙草、博打、女と、新宿では金さえ出せばなんでも手に入ったといわれる。

＊

「ジュクの帝王」が見つめる今

今ではゲイタウンとして知られる新宿二丁目は、かつては東京でも有数の色街だった。昭和二十一年一月、ＧＨＱが日本政府へ公娼廃止を命令すると、公娼宿は北側が赤線区域特飲店と呼ばれる公認の売春宿、南側が青線区域非公認の売春宿に生まれ変わる。他の地域に較べると豪華な施設が多く、また美人が多いことで知られ、料金も高かったという。この情景は昭和三十二年四月の売春防止法施行まで続くことになる。

さて、新宿の戦後を見つめ続けてきた加納は、この街をどう感じているのか。

＊

銀座、渋谷、池袋といろいろ遊び歩いたが、そりゃあ新宿が一番落ち着く。地元だし、なんでもあるからね。今は他の街にはほとんど出なくなった。その必要がないんだよ。

昔の新宿はよそから見るとたしかに怖いと思われてたようだけど、それは普段はバラバラなのに、いざとなったら新宿は新宿でまとまるようなところがあったからだろう。たしかに変な団結力はあったね。ヤクザも愚連隊も関係なかった。

学生のときは、新宿で遊ぶということが不良のステータスだった。腕に覚えのある不良たちは、みな新宿を目指した。俺は中学生の時にはもう新宿で遊んでいたけど、高校生や大学生の不良たちが、各地からぞくぞく新宿にやってくる。いまでは番長っていないようだけど、それぞれの電車のホームに番長がいたんだよ。たとえば一番線沿線に住む不良は郊外から喧嘩を重ねながらボスを決め、最終的に新宿にたどり着く。一番強いヤツが一番線の番長になるわけ。新宿は最終決戦地ってところだな。でも、あまり強いヤツがいた記憶はない。俺たちとはあまり関係がない話だしね。

喧嘩は当時のクラブ活動みたいなもんだった。今のように遊ぶ場所もないから、街に出てエネルギーを発散させるしかなかった。もちろん相手は不良だけ。一般の学生と喧嘩することなんかないよ。不良はかっこを見ればすぐ分かる。だから不良のナリで新宿を歩いていて、喧嘩を売られても文句は言えない（笑）。

場所はそこら中にあった。今の都庁の辺りはまだ兎や狸が出たし、歌舞伎町なんて空き地だらけだ。花園神社なんて夜になれば人もいないし、いい決闘場だったな。

喧嘩は相手が「参った」と降参すればそれで終わり。もともと怨みがあるわけでないし、どっちが強いか分かればそれでいい。必要以上に相手を傷めつけることはないよ。今のように殺してしまうなんて、どうかしてるとしか思えない。たまにしか喧嘩をしないから、加減も分からないのだと思うが、喧嘩は殺し合いじゃないよ。

だから武器は絶対に持っちゃいけないんだ。たとえばナイフをポケットに入れていると、自分では使うつもりがなくとも、喧嘩になれば相手を刺してしまう。拳銃を持っていればどうしても撃ってみたくなる。ヘンな魔力があるんだ、そういった武器には。だから護身用だなんていって武器を持って歩いちゃ駄目。水たまりをわざと踏んづけて歩くようになるし、喧嘩がただの喧嘩で終わらなくなる。

新宿の盛り場で大きかったのは、中央口の武蔵野館通りと要通り。路面電車を降りてすぐの場所だし、一番賑やかだったな。映画館、ダンスホール、そして美人喫茶。俺は南口の「ボタンヌ」と要通りの「エルザ」をよく使ってた。携帯電話どころか普通の電話すら家にない時代だから、俺に用事があるヤツは、なにかあれば真っ先にここへ来たよ。

美人喫茶はその名の通り美人が給仕する喫茶店。東京中にあったんだ。普通の喫茶よりちょっと値段は高いが、銀座と並んで新宿にはたしかに美人が多かった。もちろんただの女給だし、特別なサービスなんてないよ。そこからは自分の腕次第だ。「ボタンヌ」は一時期客がヤクザばっかりで通称「地獄谷」と呼ばれた。移転してしまったけど今も営業している（現在は閉店）。その頃は昼間から開いてたし軽い飯も食えたから、そこを事務所代わりにしているヤクザ者も多かった。万年会長も「白十字」が出来る前はよく使ってたな。

とにかく新宿には最先端の店や風俗があって、悪いヤツもいいヤツもみんなここに集まった。ストリップだって最初は新宿だろ。額縁の中に女性を入れてね。今の人たちから見ればどうってことないようなものだけど、当時は仰天したよ。俺？　そりゃあ観に行ったよ。話の種にね（笑）。額縁といえば、世界堂は小さな額縁に裸の絵を入れて売り出し、それが大当たりして今のような店になった。とにかく新しい事はみな新宿から始まったんだよ。

これからもこの街を離れることはないよ。俺にとっては新宿の街が家みたいなものだから。

＊

社会に反発しドロップアウトした後、身を投じたアウトロー社会にも激しく反発、なにからも縛られず縦横無尽に暴れまわった加納貢。誰の下にも付かず誰にも媚びない彼を、その昔新宿の人間たちは敬意と畏怖を込めて「愚連隊の帝王」と呼んだ。長い時間が過ぎ去ったが、その姿勢は亡くなるまで基本的に変わっていない。

加納貢との思い出

加納貢――大正十五年一月十日生まれ。二〇〇四年九月二十八日に逝く。享年七十八歳。父親は某銀行の創業者。下に弟と妹。専修大学に進んだが、やっていたのは喧嘩ばかり。武器を持たず、素手ゴロの天才と呼ばれたのは、相手を殺さず、自分が殺されないため。喧嘩の強さは伝説的で、裏社会では「愚連隊の帝王」と畏敬された。
趣味は散歩。好物はコーヒーとあんみつ。前者はアメリカン、後者は白玉が入っていればベスト。猫舌のためホットコーヒーには氷を入れるのに、アイスコーヒーはほとんど飲まなかった。晩年はもっぱら日本茶で、喫茶店とバーが大好きながら、酒とタバコは生涯口にしなかった。酒は飲んだけど不味かったから、タバコは不良のシンボルだったから。

練馬の田中屋の蕎麦は「久住呂（安藤組大幹部）は好きと言ってたが、オレは食った気がしない」とのこと。高級レストランの味を知ってるくせに、新宿で一番好きなのは三平食堂。ファストフードでも、立ち食い蕎麦でもまったく気にせず、出されたものは残さず食べる。

好きな音楽はジャズ。それも女性ボーカル。車に乗ると、サラ・ヴォーン、エラ・フィッツジェラルド、カーメン・マクレー、ときにキャロル・スローンをかけろとうるさく言うので、いまも車には加納用CDセットが置いてある。うんちくを好まず、いいものはいいというスタンスだったが、宇多田ヒカルは「わけがわからん」との評。「ロックはうるせぇ」と文句をたれながら、ジミー・ヘンドリックスを聴いて「これはいい」と言うのだから、やはりただのジジイではない。

いつもジャケットを羽織り、ポケットのないシャツを着なかったのは、なんでも突っ込む癖のため。軽井沢で洋服を買った際には、ポケットのでかいデニムシャツを選んだ。景品の時計を持ち歩いているくせに、コピーのロレックスを一発で見破る。ヴィトンのバッグを押し入れにしまい込み、外出の際には新宿の露店で買った千円のバッグを持ち歩くから「どうしてですか?」と尋ねたところ、「オレはひねくれもんだからよ」とニヤリ。好きな言葉「無翼(無欲ではない)」。好きな本「オレはバカだから本など読まない」。しかしいつも本を持ち歩き、なぜだか『渡る世間は鬼ばかり』を欠かさず観ていた。

「今のうちに形見を下さい」と、強引に貰った品は、刺繡ネーム入りのワイシャツ、昔乗っていたルノーのキー、ベルトにくくりつけるへんてこな懐中時計、デニーズのおしぼり、砂糖。後は方々からきた手紙、葉書、落書き、昔のヤクザの名刺多数。そのとき新宿の書店で『小説安藤組』を買ってもらい、コンピュータとシステム手帳へサインしてくれた。手帳は今も使っているが、コンピュータは型遅れとなり、いまは机のオブジェだ。

もらったのは亡くなるざっと二年前、新宿中央公園近くのマンションから引っ越したときである。その際、数々の借用証がみつかり、二人で面白半分に合計すると、二千四百六十万円あった。もちろん、仏の加納に金を返す人間などおらず、すべてが不良債権である。

「せめてこの金があれば、楽だったですね」

「うるせぇ、俺の金だろ、黙ってろ。いいか、お前、これは相手のあることなんだ。くだらねぇこと書くなよ」

「ええ、加納さんが死ぬまで本当のことは書きません」

いいですね、書きますよ加納さん。本当のこと。勝手に死んじゃったんだから。

ということで、あえて書きたいことがある。加納の本質を美辞麗句無しに言えば、「反逆者」となろう。なにしろ加納の反逆は、徹底的、妥協なしの反逆だった。表から、そして裏からもはみ出し、たった一人、生きていくことになったのは、加納の極端な性格が生み出す必然的運命だ。しかしどうにも人間くさいのは、寄り添って来る者を、誰であっても拒まなかったことである。考えの違いがあっても友は友。頑固で、融通が利かず、さりとて友愛的なのが、一風変わった加納の反逆と言っていい。

兄弟分の安藤昇とは似て非なる性格で、「安藤が炎、加納が風」と言われたり、「安藤が太陽、加納が月」などと表現されたが、なるほど最高の兄弟分だった。かっこよく生きるためには、そのツケを払わねばならない。ネットに流れる中傷は、ある部分まったくその通りだが、加納が安藤に共感し、そのうえで自分を貫いたことは分かって欲しい。

いつだったか、読者に言いたい事はなにかと聞いたことがある。

「他人の言うことなど気にせず、失敗だと思っても自分の思うままやってくれ」

加納はただそう言った。

「なんだか岡本太郎みたいですね」

機嫌がよかったのか、加納はおどけて両手を差し出し、岡本太郎の物真似をした。少しも似ておらず、その姿はひどく滑稽だった。

いや、我々からすれば、加納の生涯は滑稽としか言えないものだ。現実にはあり得ない理想を、生涯かけて追い求めたのだから、激動の昭和を生きた裏社会のドン・キホーテと呼ぶのがふさわしいだろう。現実社会ではあり得ない理想を追い求めた加納。ならば槍を抱えたままボロボロになって死ぬべきで、病院の豪華な個室で、みんなに手を取られ、お涙頂戴で死ぬなんて加納らしくないと思う。十五夜に、歌舞伎町の安宿で、一人ひっそりとのたれ死んだのだから、誠に加納らしかった。

これで加納の伝説は一切の妥協なく完結した。もう会えないのは悲しいが、加納が見事に死んで、このうえなく幸せに思う。

さようなら。加納さん。ありがとうございました。できるかどうか疑問だけど、俺もなんとかバカと呼ばれて死にたいです。

花形敬――スカーフェイスの素顔

サングラスの奥の目がぎらつく

昭和三十年代のある夏の終わり、渋谷の百軒店。スタンドバーで一人のチンピラがトリスの炭酸水割り――このところ流行りのハイボールを飲んでいた。店の女給をからかいながら二、三杯引っかけ、いい気分になって外に出る。途端、通りを歩いていたガタイのいい男たちとぶつかりあってしまう。ぶつかった男たちは気にする様子もなく、「チッ」と舌打ちして、そのまま歩き出した。

「おう、ちょっと待てよ。お兄さんたち、人にぶつかっておいて挨拶なしか」

すぐに喧嘩が始まった。酒場でのトラブルは、いつの時代も些細なことだ。

相手は土方たちだった。ぶつかった男の他は四人、みな肉体労働で鍛えたごつい体をしている。まもなくチンピラは袋叩きにあって地面に這いつくばった。多勢に無勢だから勝ち目などなかった。

ヤクザが喧嘩に強いというのは、社会的に捨てるものがないからである。警察に捕まっただけでクビになる会社員とはそこが決定的に違う。だからといってヤクザがストリートファイトで強いということにはならない。実際、肉体だけのぶつかりあいなら、不摂生の塊のようなヤクザより、鳶《とび》や土方の方が強いだろう。

そのとき、無様に寝ころんだチンピラの斜めになった視界に、白いスーツの男が映った。夜なのにサングラスをして、長身の体軀にボルサリーノをかぶった様はギャング映画から抜け出してきたようだった。まだ距離はあるが、チンピラはすぐにそれが誰であるかを理解した。

「敬さん……」

コツコツと革靴の音を響かせ、白いスーツの男が近づいてくる。うずくまるチンピラの側まで来ると、「喧嘩はいくらぶっ飛ばされても、『負けた』と言わなきゃ負けじゃねえんだぜ」

と吐き捨てるように言った。

KO勝ちで調子にのる土方たちは、

「テメェには関係ねぇだろ」

と裏がえった声で怒鳴り、白いスーツの男の肩をこづく。

「なんならよぅ、てめぇも料理してやろうか」

知らぬが仏とはまさにこのことだった。

スーツの男はゆっくりとサングラスを外し土方たちを一瞥した。顔面には無数の刀傷があって、目が猛獣のようにギラついていた。視線の鋭さにたじろぐ土方たちを見回し、「フフッ」と鼻で嘲るように笑う。獰猛な目と笑みを浮かべた口元がアンバランスだった。

土方のリーダー格がボクシングのファイティングポーズをとると、こらえきれず「アッハッハ」と声を出して笑った。どうやら心底おかしいらしい。

「この野郎、なにがおかし……」

怒りで顔を真っ赤にした土方の言葉が終わらないうちに、「ゴフッ」という鈍い音が立て続けに響いた。声にならない呻きが重なり、五つの人影が次々と倒れ込む。それを合図にしたかのように、スーツの男は曲がった帽子を直しながら、こちらを振り向いた。

「おい、少し付き合えよ」

やっと立ち上がったチンピラにそう言って歩き出す。その間、わずか二十秒。単純にいえば一人四秒の計算になる。いや、正確にはもっと短い時間だったかも知れない。

「あっという間だったよ。こう、敬さんが三、四歩進んだ間にぶっとばしちまった感じだった。相手もなにが起きたか分からなかったんじゃないか。間近で見たのは初めてだったから度肝抜かれたよ」(在京の広域暴力団幹部)

白いスーツの男の名は花形敬。渋谷の東興業、通称安藤組の大幹部である。

力道山との対決

スカーフェイス、狂乱の貴公子、大江戸の鬼。どれも安藤組の花形敬につけられた異名だ。これらはすべて、花形の喧嘩の強さに由来していた。花形について、当時を知るヤクザたちの証言を端的にまとめると、「素手ゴロの達人で無敵のストリートファイター」となる。

「敬さんは本当に強かった。当時、敵対してた俺たちが言うんだから間違いない。いま親分と言われる人たちだって、敬さんからぶっ飛ばされた人は何人もいる。暴れたら、

もう黙って見てるしかない。誰も止められない。安藤（昇）さん、加納（貢）さん以外はね」（現広域暴力団二次団体幹部）

喧嘩にまつわる花形のエピソードはあまりに多い。相手が誰であろうと、花形にかかれば赤子も同然だった。ヤクザ社会でいまも語り継がれる「花形の名を聞いて震え上がらなかったヤクザはいなかった」という話は、決して大げさなものではないのだ。闇市のテキヤも、博奕打ちも、みな花形が通りを歩くと姿を消した。花形は喧嘩の天才である。凡人はいくら努力しても、天才にはかなわない。

まず形相がすさまじかった。顔面には二十ヵ所以上の刀傷があって、一睨みされただけで、大抵はすくみ上がった。「迫力を出すため、自分でナイフを使って切り刻んだ」という証言の真偽は定かではないが、喧嘩の天才である花形が顔面を斬り付けられることなど考え難いから、その可能性は高い。

喧嘩になれば、すさまじい破壊力のパンチを繰り出した。それも大抵の場合、相手一人につき一発と決まっていたという。蹴りやラグビーで鍛えたタックルを使うときはよほどのときだ。

「喧嘩で賭けをするのは誰でもやる。普通は勝つか負けるかだ。だけど花形の場合は相手が一発で沈むか、二発かで賭けた。花形のパンチは鉛みてぇに重めぇんだ。食らったらどんな図体のでかいヤツでも、たいがい吹っ飛ぶ。相撲取りだって膝をつく」(安藤組大幹部・森田雅。安藤組の別働隊隊長。鹿島神流の達人)

その上、スーツもハットも汚すことはなかったというから驚かされる。

プロレスラーの力道山も、花形の前では借りてきた猫のようだったらしい。二人のぶつかりあいは、力道山が渋谷にキャバレー「純情」をオープンさせたことが発端だった。

昭和三十年、鳴り物入りで渋谷宇田川町にオープンした「純情」は、この地の覇者である安藤組に筋を通さないまま開店した。当時の水商売は、地元の組織に渡りを付けなければ、絶対に商売など出来ない。理不尽極まりないが、それがこの世界の常識である。

にもかかわらず「純情」サイドが安藤組を無視したのは、バックに力道山が付いていたからである。力道山はプロレス界のスーパースターであると同時に、リングを降りてからもめっぽう喧嘩が強く、酔うと手の付けられない暴れ者だった。その上、飛ぶ鳥を落とす勢いにある町井一家(その後、東声会となり暴力事件を頻発させた)と密接な関係にある。乱暴な言い方をすれば半分ヤクザ。リングでもストリートでも裏社会でも強い。

「野郎、ふざけやがって」

花形と安藤組の大幹部たちは、すぐに「純情」に向かった。入口でフロアマネージャーを詰問していると、奥の階段から力道山が姿を見せた。鼻息荒く力道山が言う。

「なんの用だ」

「てめぇに用はねぇ。ここのオヤジに用がある」

花形が顔色一つ変えずに答えた。

「この店の用心棒は俺だから話があれば聞く」

この一言に花形がキレる。

「てめぇ、ここをどこだと思ってやがる。てめぇみてぇなヤツに用心棒がつとまるか！」

真っ赤な顔でワナワナと震える力道山は、鼻っ面を突き合わせるようにして花形と睨み合った。一触即発の緊迫感が辺り一面に漂った。

「飲もう」

そう言って折れたのは力道山だった。しかし、それでハッピーエンドになるほど、暴力社会の喧嘩は甘くない。おイタをすればお仕置きをされる。それがルールだ。一度牙を剝いた以上、力道山は落とし前をつけなければならなかった。しかし、天然なのか故意なのか、力道山は自分が取り返しの付かないことをしたという自覚がないようだった。

「てめぇはプロレスが商売か、用心棒が商売か！」

横で成り行きを見ていた別の安藤組大幹部が凄む。力道山は無言で階段の奥に消えた。

ちなみにこの事件は力道山と親しい力士が間に入り和解のテーブルが持たれたが、その席を力道山がシカトしたことによって、力道山襲撃計画に発展。銃を抱いた安藤組の襲撃犯が、交代で大森にある力道山の自宅に一週間張り込むことになった。姿を見せればもちろん撃つ。口だけの脅しと違い、安藤組は実行することでのし上がってきたのだ。しかし、襲撃犯が自宅に戻らない力道山にイライラしているところへ、再び力士から詫びが入った。結末は暴力社会の人間が国民的英雄に「二度と悪酔いして暴力をふるいません」との確約をさせるというブラックジョークのようなものとなった。

あっけない最期

昭和五年生まれの花形は、東京世田谷の良家の子息である。家柄もよく、実家は大地主だ。このことから分かるように、花形が暴力社会に飛び込んだエクスキューズを、貧困や差別に求めることは無理がある。

国士舘中学を暴力事件で退学になったあと、明大予科に進んだ。そして安藤組入り。数々の伝説を積み上げていく。

「花形を（安藤組に）連れてきたのはS（後の渋谷裏社会におけるドンの一人。花形とは国士舘中学の同級生）だった。とにかく大人しい印象だったな。礼儀作法も言葉遣いもきちんとしてる。ガタイはよかったし、学生の間ではずいぶん名を売ったらしいけど、安藤と較べりゃ子供だ。なんで安藤組入ったか？　そりゃあ安藤に憧れたんだろ。俺たちはみんなそうだ。あの時代の男で、安藤に憧れないヤツはいない」（須崎清。安藤組の面々からマムシと恐れられた安藤組大幹部の筆頭格）

もう一つ、時代もあった。

戦後の愚連隊には復員軍人が多い。花形が憧れた安藤も、特攻隊帰りである。ヤクザや愚連隊を階級社会が生み出した産物と考えれば、彼らのほとんどは敗戦という特殊な状況がない限り、暴力社会に身を投じることはなかった人間たち。世代は少し後だが、花形も時代の波に翻弄された一人だったと言ってもいいのではないか。

また、喧嘩の際には鬼神と化す反面、須崎が言うように、普段の花形を大人しい性格だったという人間は少なくない。花形のヒーローだった当の本人、あの安藤昇もこう証言する。

「狂犬？　そんなことないよ。普通だよ、当たり前じゃねえか。花形が懲役に行ったとき（昭和二十七年五月。百軒店でキャッチバーを経営する白系ロシア人「人斬りジム」と乱闘。その傷が元で死亡させた傷害致死事件）、俺に手紙を送ってきてね。それが残っていれば見せてやるんだが、どこいっちまったのか。とにかく、綺麗な細かい字でびっしりと『出所したらこうするつもりです』とか、『これからは目標をしっかり持って』なんて書いてある。繊細なんだよ、花形は」

ジキルとハイド。誰もが持つこの資質を極端に持っていたのが、花形という人間なのかも知れない。

その上、花形の酒乱は特別だった。腕っぷしが強いから、酔うとまったく手に負えなかった。ヤクザたちが逃げ回ったのは、酩酊した花形がどれだけタチが悪いかを知っていたからでもある。その悪癖は安藤組内部でも、深刻な齟齬《そご》を引き起こした。花形が安藤組組員に撃たれたのは昭和三十三年二月のことだった。安藤組内宇田川派と大和田派の内部対立ということにもなるが、どちらかといえば酔って暴れ回り、狼藉をはたらく花形個人に対する感情の暴発である。

刺客は千鳥足の花形を呼び止め、真正面から銃口を向けた。

「おい、M。なんの真似だ」

間合いを詰める花形に無言で刺客が引き金を引く。初弾が体をかすめ、脇の壁にめり込んだ。

「M、お前にゃ俺を撃てねぇよ」

そう言ってゆっくりと左の拳を差し出す花形。刺客は再び引き金を引いた。今度はその拳を弾丸が貫いた。血飛沫《しぶき》が舞い、花形がよろめく。

バーン。

とどめの三発目が花形の腹部に吸い込まれた。刺客は花形が崩れ落ちるのを確認して走り去った。

しかし、花形は生きていた。自力でタクシーに乗り、病院で応急処置を受けると、医者の制止を振り切ってそのまま女と夜の街に戻った。腹部の弾丸は内臓を避け、運良く貫通していたのである。とはいえ常軌を逸した行動、並はずれた体力であることは間違いない。この事件は安藤組の面々から「神様、仏様、加納様」と慕われた愚連隊の帝王・加納貢が間に入って解決。激しいぶつかりあいは膿を出すことにもなり、派閥間の冷戦は払拭されたという。

昭和三十三年六月、列島を震撼させた東洋郵船社長横井英樹襲撃事件が勃発する。権威をあざ笑うかのごとく挑発的な逃亡を続ける安藤に、警察は激怒する。組長の安藤以下、花形ら幹部はことごとく逮捕された。襲撃を担当したのは安藤組随一の「突破」といわれた志賀日出也の赤坂支部で、花形は後方支援を担当した。そのため刑は軽く、いち早く出所した。

しかし、渋谷に戻った花形は愕然とする。もはや安藤組に昔日の面影はまったくなかったのである。組員は激減し、築き上げた縄張りは蹂躙《じゅうりん》されるがまま。なかには「安藤組など過去の話だ」とあからさまに挑発するものもいた。

安藤組の組長代行となった花形は、まるで人が変わったようだったという。

「帰ってきた敬さんは別人になっちゃったもんな」(元安藤組組員)

これまでは力で相手を屈服させ続けてきた花形は、一転して穏健派となり、話し合いを重視し、下げたことのない頭を下げた。安藤不在の責任感、警察の厳しい取締り、懲役での経験が花形を変えたのかもしれなかった。

そんな弱味を、弱肉強食の世界に生きるヤクザたちが見逃すわけがなかった。ライオンが真っ先に狙うのは、怪我をしている鹿だ。弱体化した安藤組はヤクザたちの集中砲火を浴びる。

〈社長さえいれば……(安藤組では組長の安藤を社長と呼んだ)〉

花形は何度もそう思ったのではないか。社会現象にもなった安藤組という組織は、それだけ安藤昇というたった一人の男に依存していたのである。

昭和三十八年九月二十七日。安藤組の組員が町井一家の人間をめぐった斬りにした事件の報復が、組長代行の花形に向けられた。待ち伏せていた町井一家組員のドスが、川崎市の路上で花形のはらわたをえぐった。享年三十三歳。強いものほど殺される。その定理がまた一つ証明されたのである。

伝説というものは多かれ少なかれ脚色されている場合が多い。とくに裏社会のことは、いい加減な伝承が大手を振ってまかり通っている。マスコミから黙殺されるジャンルであり、確かめようとする人間もいないから、どうしたって話が大げさになるのかもしれない。

戦後の東京にはこういった裏社会の伝説がたくさんあった。個々の事例をあげつらうのは避けるが、それら伝説のほとんどは贋作だ。花形に関しても、美化された部分があることは否定しない。たとえば加納貢は花形を、

「軍曹だったが、大将ではなかった」

そう短い言葉で評する。花形には人の上に立つ器量がなかったということだろう。だが、彼の素手ゴロが神がかり的だったのは本当の話だし、ヤクザたちにとって恐怖の存在であったことも事実である。

彼の強さはまさに伝説になる価値がある。花形に関してはそう保証する。だいいち、どれだけマイナスポイントがあっても関係などない。強い男はそれだけで充分魅力的じゃないか。

三木恢――歌舞伎町の風雲児

颯爽とした少年

古くから新宿を根城にしてきた裏社会の住人であれば、おそらく、「三声会・三木《みき》恢《ひろむ》」の名を知らない者などいないだろう。

三木が新宿・歌舞伎町のバーで銃弾に倒れてから六十年近くが経過したが、いまだ彼の名は新宿で最も強烈な印象を残したアウトローの一人として語られている。特にヤクザ組織においてその中核を担ってきた団塊の世代のヤクザたちにとって、同世代だった三木恢、そして三声会は特別な存在だ。高度に組織化しシステム化するヤクザ社会の前段階で自由奔放な愚連隊のまま死んでいったことが、ヤクザが変貌していく過程を目の当たりにしてきた彼らに、古き良き時代への郷愁を呼びおこすのかもしれない。

三木は昭和十三年朝鮮の公州で生まれた。父親は朝鮮で鉱山を所有し、戦後は東京・中野で税務法律相談所を開設したといわれる。日本中が貧しかった時代下では、比較的恵まれた環境といっていいだろう。裕福とはいえなくとも、決して貧乏ではない。

三木の実家が中野区鷺宮へと居を移したのは、三木が小学校二年生の時だった。転校先の小学校で知り合ったのが、その後盟友となる古河定平（のち東声会幹部）で、以後二人の人生は三木最期の瞬間に向かって密接に絡み合っていく。

小学校卒業後は別々の中学校へと進んだ二人だが、放課後になると集まってはイタズラに興じる仲になんら変わりはなかった。悪ガキ仲間の縁はいっそう深くなり、近所の仲間をどんどん増やしていった。中野警察でも彼らの悪童ぶりはつとに有名で、数多くの問題を起こしたという。

中野区内に在住していた当時の同級生は、

「まあ、このへんじゃあ悪ガキとして有名だっただろう。喧嘩は日常茶飯事で、もめ事を起こさない日はない。といっても、その頃の不良はどこかのどかで、今みたいな無秩序な暴力というものじゃなかったね。やってることはたわいのないことで、今の子供から見れば可愛いもんだよ。

みんな中学生で、金もないから野っ原で集まってはダベってた。(取材側の)あなたちが喜ぶような話はなにもない普通の子供だと思う。

ただ三木さんは小学校三年生くらいから柔道を習っていてね、町道場には熱心に通ってたみたいだな。乱取りでは三段の黒帯を簡単に投げ飛ばしたくらいで、もともと足腰が強いからどんなに体格のいい奴が相手でもポーンと放り投げちゃう。当時の仲間は三木さんの足払いで、誰もが一度は投げ飛ばされた経験があるはずだ」

と当時の三木を語る。

その後愚連隊の頭領として歌舞伎町を席巻する風雲児の片鱗を無理に見つけようとすればできないことはないが、この程度の悪ガキならどこの街にでもいたはずで、特筆されることはなにもない。だが、不良たちの中でも常に三木と古河はリーダー格で、「当時から皆に慕われた」(同級生)というから、人の上に立つ人間としての素養は多分にあったのだろう。

また三木は当時からおよそ中学生らしくない大人びた言動が多く、たとえば株などにもこの頃から興味を持っていた。三木のこの金に対する執着は、時代が失ったハングリー精神の具体的な事例ととらえることもできるが、年齢から考えれば単に好奇心が強く、新しいことを吸収したいという欲求が非常に強かったということだろう。前述の例とともに特別なことではないが、三木の性格のベースがうかがえる。

「三木さんはちょっと変わっていてね。考えもやることもちょっと俺たちガキとは違ってた。

また弁も立つし物知りだから、大人たちに怒られても、言い合いをしてるうちにいつのまにか三木さんが言い負かしちゃう。警察なんかでもその辺の巡査なんか、三木さんに理屈ではとうてい太刀打ちできない。終いに言葉に詰まった大人から『生意気なガキだ』と一方的に怒鳴られるんだが、その度に『大人は汚ねえよなぁ』って笑ってたことを覚えているよ」

また、当時の三木には後年伝えられるような暴力性はあまり見られず、喧嘩になってもそれを止める役割にまわる方が多かったという。

もちろん自分が先頭に立つ時もあったが、三木の喧嘩はほとんどが短時間で勝負がつき、敵も味方もなにが起きたか分からないほどで、そのあとでも勝ち誇ることもなく淡々としていた。金銭に対してもどちらかといえば恬淡《てんたん》だった。

ある日、三木たちが近隣の素封家の子息たちのグループと出くわした時のことだ。

相手も不良だったから、出会い頭に火花が散りすぐに喧嘩が始まった。二、三十分間ほどもみ合っていたが、結局三木のグループが勝ち、戦利品として相手の金品を巻き上げようとした。その時、相手が突然泣き出したのである。ワルぶっても所詮中学生で、いつになっても泣き止みそうにない。

「ガキなんていうのは意外に残酷でね。泣いたりすれば面白がられるだけなんだが、その時の三木さんはそれを見ると『行くぞ』ってスタスタ歩き出しちゃった。他の喧嘩の時でも三木さんは相手が謝ったらそこで終わりだった。なにに対してもがつがつした感じはなかった人ですよ」

そんな三木の颯爽としたスタイルも、不良仲間の信頼と尊敬を集める大きな要因となったと思われる。

友情というアキレス腱

三木は中学を卒業後、私立巣鴨高校に進学した。

現在の巣鴨高校は進学校として有名だが、当時は不良の集まる落ちこぼれの救済校である。しかし、高校に進学した三木はそれまでの悪ガキ時代とはうってかわり、一心不乱に勉学に励むようになった。その変わりように不良仲間たちは驚いたが、翌年には都立石神井高校の編入試験に合格。一年ダブりはしたが、ワルのはきだめから進学校へと転校することになった。

一方、古河は進学先の高校であっという間に番長格となり、新宿に至る沿線の不良たちと盛んな交流を始める。高校二年の頃にはヤクザ組織の人間とも行き来をするようになり、新宿に出入りするようになってからは自然発生的にグループを形成、舎弟の数は数十人に膨れ上がっていた。舎弟たちはもちろん同じ高校生が多かったが、なかには不良の色に染まったさまざまな職業・地域の人間たちがいて、いろいろな噂が彼の耳に入る。古河は人脈が広く、三木の新宿進出の過程で幾度となく調整役を引き受けたが、その素地はこの頃に作られたものだ。古河は毎日のように新宿で舎弟たちと集まり、たわいない話に興じていた。

ある時、ひょんなことから石神井高校の番長であるOが古河のグループに加わった。古河の一級下だが、負けん気が強く喧嘩っ早い男である。古河はOに三木の存在を尋ねた。

Oはうなずき、

「とにかくいけ好かない奴だ」

と言う。唇が心なしか震えて見えた。

「確かに先公たちにおべっかを使ったり媚びたりするタイプの人間じゃないが、とにかく気にいらねぇ。勉強ばかりして俺たちを馬鹿にしている」と感情を露《あらわ》にしながら、「いつか締めようと思っている」と静かな声で付け加えた。

古河は面白そうに、

「そうか、真面目なのか……。あいつは俺の古いダチだ。まあ、せいぜい気を付けろよ」

と笑うばかりだったが、Oはもともと三木に反感を持っていたこともあって、その後幾度となく三木を挑発することになる。

しかし三木はOをまったく相手にしなかった。Oが喧嘩を売るべく三木に啖呵を切っても、アゴの勝負でいいように翻弄され相手にされないばかりか、鋭い眼光でひと睨《にら》みされると動けなくなってしまう。Oは悔しさにもがいた。

「いっそ襲っちまおうか」と何度も思ったが、三木にはなかなか隙がない。しびれを切らしたOは三木の友人を校舎の裏へ呼び出し、凄惨なリンチを加える。

これまで不良仲間との交流を一切絶っていた三木だが、これでついに自ら拳の封印を解くことになった。

「仲間がやられては話が別だったんでしょう。三木さんは仲間に対する愛情がとても深い人で、巷で言われるような冷たい人間じゃないですよ」(前出の同級生)

十数人の同級生が見守るなか、石神井公園で差しの素手ゴロ勝負が二人によって行われた。

勝負は一瞬だった。

Oの体は三木の背負い投げで宙を舞う。もちろん三木の圧勝である。

この喧嘩をきっかけに、優等生だった三木の暴力性が再び開花し始める。三木はOらとともに、近隣の高校へと喧嘩相手を求めて遠征を開始した。当然石神井高校では不良グループの存在が大きな問題となった。

「ガタゴト電車に揺られて遠くの学校まで出かけ、校門で生徒を待ち伏せしてそれっぽい奴に番長は誰かと聞くわけですよ。だいたい差しの勝負で、必ず三木さんが圧勝するから周りの者が出る幕なんてない。でも、派手な喧嘩になる時もあった。そんなことを繰り返しているから、学校へ苦情が殺到する。

もともと三木さんは転校してきてからずっと真面目で勉強もできたから、先生たちも驚いたようだったけど、ある事件の首謀者として父兄や教師からつるし上げられた。もともとは仲間がやられたのを三木さんが助けたんだけど、『俺がやめればいいんだろう。他の奴らは俺についてきただけだ』と一人で学校をやめちまった」（前出の同級生）

友達を助けるために義侠心を発揮する――自分が積み重ねてきた成果をためらいなく投げ出す潔さは少年らしい理想の表れであり、周囲の人間にとってそれが幼い頃からの三木の最大の魅力だった。だがそれは同時に、終生つきまとう三木最大の弱点に他ならない。裏社会でアマチュアの頂点に立ったのも、そして暴力のプロになりきれず歌舞伎町で射殺されたのも、この人間的な優しさと甘さが根底にある。

昭和三十年の新宿暴力地図

三木は新宿進出後、常に緩衝地帯のないギリギリを歩いていった。もちろん地雷原の中のそのルートは彼なりに計算されたものだったのだろうが、彼は自らそのルートを踏み外すことが少なくない。発端は突発的な事故であっても、問題の根底はやはり仲間に対する厳しさの不足、彼の不完全な感情抑制にある。もちろん三木も人間の気持ちが口ジックではないことくらい理解していただろうが、彼の最大の誤算は、自分が「冷酷になることができず、仲間を犠牲にできない人間」であるという認識を持てなかったことであり、それが骨身に染みていれば、あのギリギリのルートを通っても、あるいは殺されることなく目的地へ到達したかもしれない。

だが、もちろんその頃の三木は将来自分の甘さによって抹殺されるなど考えもしなかったはずだ。周囲の人間から披露された故人のエピソードは、皮肉にもほとんどが三木の死がいかに必然であったかを裏付けてしまう。本来なら他にいくつか歌舞伎町進出後にあった同様の事例を挙げるべきだと思うが、組織に在籍している関係者も多くここでは触れない。だが、同じようなエピソードは、単純な美化や賞賛を差し引いても、驚くほど多い。

その後三木は親の強い要望で京王商業へ入学したが、もう今までのように自分の中の暴力性を抑制することはなかった。解放された自己をむき出しにして喧嘩三昧の日々を送り、あっという間に京王商業の番長として君臨するようになる。新宿に出始めたのはその頃だ。

昭和三十年代初頭、私鉄・国鉄沿線で勢力争いを繰り広げた不良たちは、幾多の喧嘩を繰り返しながらゆっくりと都心部へと向かっていった。新宿は東京有数の歓楽街であり、東京西部の不良たちにとっての最終目的地である。鷺宮の三木恢を始め、武蔵境の新井（のち安藤組。安藤組解散後は住吉会）、沼袋の小島（のち極東会）などたくさんの学生不良たちが新宿へと進出したが、当然グループは覇権を巡って衝突することになり、毎夜のように至るところで喧嘩が繰り広げられた。

だが新宿には戦後からテキヤ組織がしっかりと根を下ろしている。

神武景気で沸く昭和三十年代初頭もいまだマーケットは健在で、西口の安田組、東口の尾津組、中央口の和田組、野原組（組織名称はすべて当時のもの）など、多くの組織が新宿にしっかりとした地盤を築いていた。裏社会の既存の利権はあらかたそれらのテキヤ組織、そして二幸裏の塚原一派（のちの住吉会系列）などが手中に収めており、本職ヤクザのテリトリーに進出するのは難しい。当時青線の入り口として賑わった要通りにもまた、極東組（当時）や愚連隊が数多く存在している。彼らが目をつけ主戦場としたのは、当時まだ発展途上だった歌舞伎町だった。

昭和三十一年にコマ劇場がオープンする以前の歌舞伎町は、わずかな飲食店がまばらに存在するだけで、新宿駅からわずかな距離にありながら歓楽街とはとても呼べないような街だった。それ故に裏社会の利権も少なく、この地にいたのはコマ劇場横の山木組などわずかな組織と大小さまざまの愚連隊たちである。新興勢力にとってはこれほど都合のいい街はなかった。

不良学生グループの中でいち早くこの地に勢力を張ったのは、高田馬場にある保善高校に通うTが率いる「西武グループ」である。その名の通り西武線沿線の不良たちが中心になって形成されたグループだが、当時の不良たちの間では「怒らすと手に負えない暴れ者」としてTの名を知らぬ者はなく、歌舞伎町に進出してすぐにざっと百人以上の人数を集め、わずかな時間で不良学生最大のグループになった。

不良学生グループはもちろん既存のヤクザ組織とは違うが、それぞれにみなヤクザ組織と密接な繋がりを持っている。その関係は現在の暴走族のようなものといえなくもないが、それ以上に相互の関係は深く、どちらかといえば準構成員といった方が実態に近い。しかし、当時のヤクザ組織は極めて曖昧な組織体系であり、学生愚連隊がそのままヤクザ組織の下部団体なのかといわれれば一概にそうとはいえず、独自の活動を展開する愚連隊グループも多かった。現代の裏社会とは違い、ヤクザ組織もある意味で自由で、今の物差しではとてもとらえることはできないのんびりした時代である。

三木の三声会が東声会をバックにしたのと同様、Tの「西武グループ」には二幸裏の塚原一派がバックにいた。一時期の新宿は「塚原の名前を出すだけで、たいていの不良やヤクザは引っ込んだ」と言われたほどで、新宿での勢力は強大だった。彼らに与《くみ》しないのは愚連隊の元祖・万年東一の一派くらいのものだったが、万年の系列に位置し、新宿愚連隊の帝王と呼ばれた加納貢などは裏社会の利権にまったく興味を示さない極端な理想主義者だったから、ある種特別な存在で、シノギや喧嘩の場面では「二幸裏の塚原」の名前はこの時代においては絶大な効力を発揮した。

その力を背景に、Tの率いる「西武グループ」はどんどん勢力を拡大していく。破竹の勢いは留まることがないように見えた。

だが、「西武グループ」の天下はわずかな期間で幕を閉じた。三木恢が新宿へと進出したためである。

サンドイッチマンで情報収集

京王商業に入学してからは、学校にもろくに行かず不良仲間と地元周辺をぶらぶらしていた三木だが、近所に住む右翼のSの所には毎日のように顔を出し、Sの家は三木たち不良のたまり場のようになっていた。

三木は新宿に出張るにあたってさまざまな情報を収集し、Sに後ろ楯になってくれるヤクザ組織を紹介してくれるよう頼んだ。Sは心に一つだけ引っかかることがあり、紹介は先送りにされていた。三木の実家はその頃父親が亡くなり、母親と五人兄弟が暮らすいわば素ッ堅気の家庭で、その母親がSに「なんとか学校に通うよう言いきかせて下さい」と懇願していたからだ。地元では押しも押されもせぬ不良だが、成長する過程でやがて真面目になる人間も多い。母親には「そのうちおとなしくなりますよ」と言いきかせ、三木には「遊びでやってるうちが花だ」とことあるごとに言った。そう言われる度に三木は笑って、「兄さん、俺には俺の考えがあるんです」と、いっこうに考えを改めなかったという。

もちろんSの人脈は裏社会にも通じており、三木一人くらいを抱えることのできる組織に口をきくのは造作もないことだったが、Sはそのうち熱も冷めるだろうとその話を放っておいた。

「三木は確かに頭の切れる奴だった。喧嘩も強いし度胸もある。だが、三木が金筋博徒の部屋住みができるかといえば、俺には疑問だった。根性がないというわけではない。三木は物事をいい加減にとらえることができるような大人ではないし、性格からいえばそういった矛盾を飲み込めない奴だった。だから頭が切れすぎて博奕打ちなどにはなれないんじゃないかとも思っていた。そのうち飽きるだろう、という思いがあったことも事実だ」（S）

しかしそれから間もなく、三木は自力で新宿進出を開始する。

三木はその第一歩にあたって、サンドイッチマンを始めることにした。

この新手の商売はヤクザ社会と深い関わりがあったし、サンドイッチマンを務める人間たちは不良かぶればかりだったから取っつきやすい。だが、当時こういった仕事を格上の不良たちがすることは皆無であり、三木にもサンドイッチマンに多少の抵抗はあった。その後、口の悪い不良は三木の姿を見て「恥を知らない奴」と陰口を叩いたが、三木は目的のため、ためらいなくプラカードを手にした。

三木がここに目を付けたのは、新宿の不良たちの正確な勢力と人間関係を把握するためだった。また名のある人間に顔を覚えてもらうきっかけにもなり、たくさんの利点がある。「オーッス」と声をかける三木には、元来根が明るく気さくなこともあってたくさんの知人ができた。

「くだらない世間体さえなきゃ、けっこういい商売だと思うけどね」

その知人に三木はこう言っている。

三木はある側面では驚くほどメンツにはこだわらない合理主義者である。プラカードを持ちよれよれの背広の上下に、これまたよれよれのシャツを着た三木の姿がたびたび要通りなどで目撃されるようになった。

そしてその後すぐに新宿における後ろ楯を手に入れることになるが、それは「ホトケの陳」と呼ばれた東声会の幹部・陳八芳だった。

「西武グループ」頭領とのタイマン

三木の運命は一気に急展開していく。

陳八芳は台湾で生まれ、幼い頃に日本へと移り住んだ。その後大学に進みヤクザになったが、最初はヤクザというよりも、新宿の華僑社会の用心棒的な存在だった。次第に裏社会に足を踏み入れるようになったが、本人は最後までヤクザを嫌ったといわれる。実際にヤクザ渡世からの離脱を試みたこともあった。日本人の妻との間にできた長男が小学校に入学するのを機会に、新宿から池袋へと居を移し、友人の協力のもと堅気の生活を試みたのである。だが、朝鮮特需が下火になるにつれて商売がうまくいかず家庭は破綻。離婚して子供は自分が引きとり、実弟とともに再び新宿の地へと舞い戻る。十二社《じゅうにそう》の料亭街にあばら屋を借り、実弟が新宿駅中央口の武蔵野館通りで経営していたキャッチバーの社長兼用心棒に納まった。

確信して「ヤクザになりたい」とこの世界に飛び込んだわけでもなく、また、ホトケという仇名のように好戦的な性格でもないから、それまでの陳は裏社会で特に目立った存在ではなかったが、新宿という袋小路に追い込まれてからは、なにかが吹っ切れたかのように暴力社会でのし上がっていった。

当時新宿一の繁華街である武蔵野館通りは同時に不良銀座でもあり、隙あらば因縁をつけ店に寄生しようとするチンピラがそこら中にうろうろしていた。キャッチバーの用心棒になった陳は、一日に十回とも二十回ともいわれる喧嘩をこなし、手刀で相手を気絶させる度に舎弟や子分が増えていった。

陳は幼い頃から修業をつんできた中国拳法の達人で、プロボクサーを一撃で倒したり、五、六人の大学空手部の猛者に囲まれ、相手に一度も体を触らせることなく全員を叩き伏せたといった武勇伝は数多い。

また面倒見が無類に良かったから、近隣のキャバレーのボーイやバーのマネジャーなども次々と陳の傘下に収まり、一帯の頭領格として君臨するのにさして時間はかからなかった。

陳と三木の縁は、三木に先立ち歌舞伎町に進出した前述の「西武グループ」頭領Tとの諍《いさか》いがきっかけである。

三木一派の人間二人が武蔵野館で映画を見終わったあと、Tの配下と路上で出くわし、口論ののち喧嘩となった。相手はざっと十人ほどで、二人は多勢に無勢で袋叩きにあい血みどろだった。そこをたまたま通りかかった陳が仲裁に入ったのだ。陳はTに、

「この二人は俺がもらうよ」と言い、二人を連れて喫茶店の階段を上った。陳がゆっくりと口を開く。独特のアクセントのある静かな声だった。

「俺もあいつらも仁義という名を飾りものにしているダニだ。殴られたのが痛いと思ったら真面目になることだな」

二人は何度も陳に頭を下げ、翌日その一部始終を三木に報告した。

その後三木は陳の舎弟となった。

歌舞伎町一の不良グループの長であるTとの直接対決はその後すぐに訪れる。舎弟たちの小競り合いの末、その決着を付けるため二人のボスが中野区野方の空き地で差しの勝負をすることになったのである。そのいきさつを後の関東広域博徒組織の幹部で、当時「西武グループ」のメンバーだった人間はこう語っている。

「三木さんが新宿に出てきたのは俺たちよりあとだから、『西武グループ』に比べれば三木さんの一派はまだ少数派だった。グループ同士がぶつかれば三木さんにとうてい勝ち目はない。当時の不良たちは二人が差しで闘ったらどうなるか、みな注目していたけど、下馬評ではほとんどの人間がTだろうと噂していた。それほど当時のTは勢いがあり、不良たちはみな一目も二目も置いていたわけだ。

三木さんのグループはまだほんの十数人だったし、いずれこちらの軍門に下るだろうと俺たちは相手にもしていなかったというのが実際のところだ。俺は三木さんとは地元が近く個人的には親交があったが、『西武グループ』にとっては三木さんの一派は害にさえならない。

そのうちTは不良たちを巻き込んでさんざん三木さんを無視し、三木さんは新宿では総スカンのような状態で孤立していった。どうすればいいか考えた末、三木さんはきっかけを掴み、うまいことTに差しの勝負を納得させたわけだ。

当時の不良には純なところがあって、差しの勝負となれば誰も手出ししないというのが暗黙のルールだったし、その約束を違えて差しの勝負に配下を連れて喧嘩に勝っても、卑怯者のレッテルを貼られる。そうなれば誰も相手にしないし、もし三木さんが勝てば一気に形勢は逆転する。もちろんTにとってはどちらにしてももうまみなんかない。

三木さんは頭がいいからね。Tを巧みに誘導したんだろう。うまく乗せられたTは意気揚々と三木さんとの勝負に臨んだが、払い腰にやられて三木さんが勝った。差しの勝負を了承した時点で三木さんの勝利だった。そういう噂はあっという間に広まるから、『西武グループ』はすぐに分裂したよ」

三木はその勝負のあと、仲間たちを集めて山手学生クラブを結成、歌舞伎町を根城に勢力を拡大する。旧友の古河もこの頃山手学生クラブに合流、三木一派は歌舞伎町で大きく前進した。

変貌するイメージ

その頃新しく加わったメンバーに正明高校の蔡原奎烈がいる。のちに三声会の最大派閥のリーダーとして勢力拡大の最前線に立った男で、普段は気のいい奴だが怒ると手がつけられないと言われた。その暴れ方は程度を知らず、動き出すと止まらない。

花小金井の正明高校は他校を退学になった札つきの不良が最後に入学する学校として知られ、その例に洩れず蔡原も数々の高校を退学となり、正明高校に入学した。蔡原は半年余りで正明高校の番長にのし上がる。その噂はこの頃遠く新宿まで聞こえていたから、三木にとって仲間になればこれほど心強い味方はなく、敵になればこれほど怖ろしい人間もいなかったはずだ。

蔡原の戦闘性は際だっており、三木と同様蔡原も各地の高校に遠征し、不良狩りを繰り返していた。どちらかといえば三木より蔡原の方が強いという評判もあった。すでに数十人の舎弟分を抱えており、山手学生クラブより人数も多い。

共通の知人がたまたまいたことから、彼らは引き寄せられるように接触することとなった。

「三木さんと出会ったのは、友達を介してのことで、場所は新宿の喫茶店、いや路上だったと思う。劇的な出会いを期待するかもしれないけど、喧嘩して仲良くなったとか、そういった話はない。三木さんは穏やかな人で、すぐ友達になった。

まだ子供だからね。とにかく俺たちは本当にガキだった。やることと為すことすべてそうだ。その後三声会はどんどん大きくなったが、それはずっと変わらなかった。二人で飯を食ったり、新宿の路上に座ってよく話もした。男前だしすごく優しい人だよ。三木さんは恐怖で人を支配する人間じゃない」（蔡原）

蔡原の加入で一気に大所帯になった山手学生クラブは日に日に学生番長が集まるようになり、見る間に膨れ上がっていった。

三声会は三木個人を中心に集まったピラミッド型のワンマン組織のようにとらえられているが、実際は同クラスの人間の連合体である。そこそこの人数が集まったが、このままでは友達同士の仲良しクラブのようなもので、もしそれ以上の組織拡大を望むなら、たとえ不良グループとはいえカリスマ性のあるトップを頂点に据える必要がある。それはグループ全員の一致した意見だった。

組織名を三声会と改称し、それに伴い対外的にもリーダーを決めることとなる。話し合いの結果、三木が新生・三声会の会長になった。

「どうして三木さんがトップになったか忘れちゃったけど、誰も反対する奴はいなかったよ。俺も三木さんでいい、なにも問題ないと思った」（蔡原）

三木は不良少年のトップの絶対条件である喧嘩の強さにおいて、かなりの高得点を獲得する。だが、三声会会長になった最大の理由は三木の人柄にあったはずで、おそらく友人に情が深く優しい気遣いもできる三木は毒がなく、同クラスの集合体のトップに据えるには無難な人間だったといってもあながち間違いではないだろう。同クラスの人間たちが互選でトップを選べば、ほとんどの場合「最も差し障りのない」人間が選ばれるが、うがった見方をすれば三木も例外ではなかった。

だから三木に関するエピソードを分析すると、後年雑誌のインタビューで、「力こそすべてさ。叩き潰せる相手は潰せというのが俺の主義だ」とうそぶいた三木の姿はパフォーマンスであり、意図的に作られたものだろうと推測できる。巷間語り継がれる「手のつけられない誰にでも噛みつく暴れ者」という三木の姿はまったくの虚像だ。実際、当時の不良仲間が口にする三木の評判は、そのほとんどが、いってみれば「三木はいい奴だった」という類いのもので、好意を示す人間は多いが、あからさまに悪意をむき出しにする人間はほとんどいない。不良少年の世界で激しい争いを繰り広げた対立組織の中にさえ、「俺は三木が好きだった。人柄はいいし優しい奴だった」と証言する人間もいる。

暴力を背景に力関係が決定する社会では、「力の信奉」を誇示するパフォーマンスは古典的な常套手段である。たとえば、ヤクザの親分と呼ばれる人たちに人あたりがよく優しい人間が多いのは、そうすることが彼の役割だからで、ある意味では意図的に作られたものだ。ほとんどの場合、穏やかな仮面の下には配下の人間にまさる激しい暴力性が潜んでいる。

組織間の抗争においても、この役割は重要で、現場を担当する武闘班は徹底的に相手を叩き、人あたりのよい長老が和解を担当する。ヤクザ組織ではこのバランス感覚が重要で、人格者と狂犬の両方が必要不可欠であり、どちらかに比重が偏れば組織力は必ず低下するといっていい。

ただし、これはあくまで抗争による勢力拡張ができなくなった現代の話であり、三声会の勢力拡張の過程で用いられたパフォーマンスはまったく逆のものだ。三声会の目標はあくまで新宿の裏社会を占有することにある。他組織は叩き潰すしかないから、元来理知的で情にもろい三木は凶暴な仮面をかぶり、配下の人間たちは三木の暴力的なカリスマ性を意図的に作り出すことに全力を傾けた。

舎弟たちが自ら一歩下がることはもちろん、それ以下の人間たちが直接三木と話をしては困る。他組織の人間が気安く我々のカリスマに声をかけることなどあってはならない。三木を愚弄する者がいれば、徹底的に叩きのめす。これが三声会が手始めにした組織運営の基本姿勢になった。どこの組織でもあることだが、末端の隅々にまでそれを徹底させたのだ。

「三木の舎弟はとにかく生意気な口をきく。ウチの親分を我々の前で『塚ちゃん』と呼ぶ奴さえいた。当然喧嘩だよ」（元塚原一派・後の住吉会幹部）

反対に他組織に属する人間が「三木！」と呼び捨てにするのを聞けば、「てめぇ、ウチの兄貴を呼び捨てにしやがったな」と誰にでも噛みつく。理不尽な話だが、もちろん喧嘩の口実のため、めったやたらに因縁をつけているわけで、相手が激高し喧嘩になれば万々歳である。三木の兄弟分や先輩であってもその姿勢は貫かれた。

歌舞伎町を支配

カリスマ性を高めるため、三木自身もさまざまな演出を試みた。

ある日、歌舞伎町のバー「スワン」に中堅の幹部たちを集めた三木は、一列に並んだ舎弟たちを雄叫びを上げて殴り始めた。容赦なく顔面にパンチが炸裂し、腹に蹴りをぶち込むから、みなその場にうずくまってうめき声を上げた。熱くなった三木にビール瓶で頭を割られた人間もいる。

この頃のスワンは既存のヤクザ組織が用心棒を引き受けている。ただならぬ騒ぎにすぐさま何人かが駆けつけたが、三木の異様な気迫と血の海でのたうち回る幹部たちのコントラストに圧倒され黙り込んだ。また、このすさまじいリンチは身内へのもので、他の組織の人間が口出しする筋合いではなく、ヤクザたちはそのうちこそこそと立ち去っていった。

頃合いを見て手を止めた三木は「明日も同じ時間に集合しろ」と吐き捨て、次の日もまた同じ場所で同じリンチを繰り返す。何日かそれを続けると、道で会ったヤクザたちは、みな三木たちをなにか狂犬でも見るような目で眺めた。

リンチ最後の日、三木は舎弟たちに向かって、「俺は中途半端な舎弟はいらない。今までの痛みの詫びを言う。俺は日本一の舎弟を持つことができた」と言いながら涙を流す。殴られ続けた舎弟たちもまた、三木の涙に感動して泣いた。

対外的な威嚇行為と同時に配下の人間の心を摑む。多少芝居がかった演出も人間関係にすれていない若者たちには劇的な効果を生んだ。まさに一石二鳥だった。

喧嘩の現場ではどうだったか。

三声会の特徴は徹底的な人海戦術を貫いたことにある。一人の相手に対し、数人、数十人といった人数で立ち向かうわけだが、たとえ場数を踏んだ鬼神のような人間でも、ぐるりと周りを何重にも囲まれれば手も足も出ない。美意識やロマンに酔うことはまったく馬鹿げたことであり、喧嘩は不良の間では最大のデモンストレーションだから、新興組織である三声会はとにかく喧嘩に勝たねばならなかった。

新宿でカタが付かなければ、積極的に各地に遠征した。三、四十人という人数で電車に乗り込み、相手の地元を急襲する。この人数で不意を突かれれば逃げるか、白旗を上げるか、さもなければ玉砕するしかない。

「三声会と承知の上で恐喝をされた舎弟がいてね。恐喝した奴は新宿に来ればやられるのが分かってるからなかなか出てこない。それでこっちから地元に行ったんだ。ガラの悪いのが手に木刀やバットを持ちながら何十人と電車に乗るんだから、異様な雰囲気でね。駅に着いて改札を『切符はうしろ』って全員が言いながら出る。駅員なんかなにも言わないよ。

奴らのたまり場に向かったが、本人がいなかったので、とりあえずむちゃくちゃに暴れた。パトカー呼ばれて何人か捕まったけど、三木さんは最後までその場にいるのに絶対に捕まらなかった。とにかく喧嘩、喧嘩、喧嘩だったよ」(元三声会・後の東亜会幹部I)

喧嘩に継ぐ喧嘩で、短期間の間に三声会は歌舞伎町一の不良学生グループに成長していった。舎弟たちはネズミ算式に新たな舎弟を作り、会員数はゆうに五百人を超えた。こうなればあとは黙っていても「三木の舎弟になりたい」という人間が各地から集まってくる。ネオン街に仕事を持つバーテンや飲食店の店員も三声会に加入することを誇りに思い始め、組織は爆発的に膨張した。あまりの大人数のため、会合は新宿御苑や上野動物園で行われるほどだった。

歌舞伎町の至るところ、路地や交差点、深夜喫茶やバーには三声会の人間がたむろしており、なにかあれば一瞬で何十人という三声会のメンバーが集まるだけでなく、たとえば伝令なども街に立つ三声会会員の間をまるで伝言ゲームのように流れ、あっという間に伝わる。

利権拡大へ

不良少年グループはほとんど制圧した。次の標的はヤクザ組織である。三声会は暴力のプロに対して牙を剝き始める。

既存のヤクザ組織の人間たちは三声会を「ジャリのお遊び」「ガキの集団」と相手にしていなかった。三木の兄貴分である陳八芳を「少年団長」「ジャリの頭領」と罵り、街で三声会に会っても極力無視した。それまでのメンツにこだわるヤクザ社会の虚を突いたような喧嘩のスタイルや集団行動への反発もあったが、一番の理由は三声会がまだ単なる不良少年の集まりであり、裏社会の利権をめぐってのバッティングがほとんどなかったからだ。

目をかけていた不良グループが三声会にけちらされても、それはあくまでチンピラ同士の衝突である。ヤクザ組織は傍観の姿勢を崩さない。確かに「のさばらせていたらとんでもない障害になる。今のうちに三木を殺せ」という声もあったが、相手は二十歳にもならないようなガキであり、謀殺したことが明るみに出れば世間の笑いものになる。また、万が一失敗すれば、それこそ取り返しがつかない。

だが、既存の組織が用心棒を務める店に三声会が手を伸ばし始めたことにより、三声会はヤクザにとっても無視できない存在になりつつあった。

三声会会員は五、六十人でそういった店に押しかけ、大声を上げて騒ぐ。警察が来れば蜘蛛の子を散らすようにいなくなるが、用心棒を務めるヤクザ組織の人間たちが来れば突っかかる。このような状況では、ヤクザたちも三声会を無視するわけにはいかず、否応なく対峙せざるを得ない。

渋々腰を上げたが、掛け合いのうちにあっという間に周囲を幾重にも三声会会員に囲まれ、場数を踏んでいるはずの喧嘩のプロは顔色を失っていく。この状況ではとても喧嘩どころではない。まるで出来の悪い喜劇のようだった。

ある組織は意を決して日本刀やドスを手に三木を襲ったが、やはりあっという間に何百人という少年たちに囲まれ身動きがとれなくなってしまった。ビール瓶や石が至るところから飛来し、棍棒や木刀が容赦なく襲いかかる。襲ったはずのヤクザ側のほとんどが重傷を負った。この老舗組織はその後まもなく壊滅に追い込まれたが、この他にも三木が仕掛けたワナにじりじりと追い込まれていった組織は、最終的に身動きがとれなくなり自滅した。

それまでヤクザ組織にカスリを納めていた経営者は三声会の悪質な営業妨害に悲鳴を上げ、ジャリ組織である三声会へと用心棒を鞍替えする人間が続出する。三木の対応は見事で、一度そういう契約が成立すれば若い衆の出入りを徹底して禁止した。パチンコ屋、バー、キャバレー、喫茶店といったカスリごとの利権は三声会がほぼ手中に収めた。

勢いに乗った三声会は次々に利権獲得に乗り出していく。次に三木が狙いをつけたのは博奕だった。歌舞伎町に堂々と賭場を開帳したのである。

それまでの賭場は現金の代わりに駒札と呼ばれるチップを使用していた。客は賭場で駒札を購入し、それを盆に張り、勝負を続ける。手にした駒札は帰りに精算され、それに見合った現金を手に入れる。三木は駒札にトランプを用いたり、射倖心をあおるため現金をそのままホッチキスでとめたものを使ったりと、さまざまな新しい趣向を取り入れ、一晩で二百万円近くのテラ銭を上げた。だが、もちろんこれは表面的な理由で、三木の賭場が盛況だったのは、それだけ三木の力が強かったからだ。

歌舞伎町一帯を仕切っているのは老舗の小金井一家だったが、もちろん三声会からの挨拶などはまったくない。実力によるゲリラ開帳であり、文句があるならいつでも来い、喧嘩なら受けて立つという意思表示で、新宿のヤクザたちは一気に色めき立った。

また、昭和三十四年には歌舞伎町の飲食店の経営者を巻き込んで、江ノ島の「海の家」を買い込み、さまざまな商売を手がける。食べ物の屋台や貸しボートを始め、東京から引き連れたバンドによるダンスパーティーなど、新しいアイディアを取り入れた商売は大成功を収め、資金力は一気に増大した。

一方で新宿から何百人と押しかける三声会会員により、地元の不良やヤクザとの暴力事件も多発したが、当局の発表によると、この年湘南地区で起こった事件は六千八百二十四件。前年の約二倍というから、その怒濤の勢いが理解できるだろう。三声会の名前は毎日のように新聞紙上を賑わしていた。

これだけの組織を警察が見逃すはずがない。新宿はもちろん、海の家に進出した湘南などを縦横無尽に暴れ回る三声会に対し特別部隊が編成された。

「最大の海のダニは三声会だ。海の家や興行場から〝ショバ代〟をまき上げたり、用心棒として入りこむ〝営業外の収入〟をもくろんでいるものもある。（中略）警視庁はふくろう部隊を出動させて暴力団対策を練っている」（昭和三十五年七月二日毎日新聞）

だが、三木は何回検挙されても勾留期間を過ぎるとバイ（釈放）されてくる。逮捕歴は数知れないが、一度も起訴されることはなかった。日頃から尻尾を出さないように行動していることはもちろん、取り調べのため密室の中に入ると、必ず担当する人間を言い負かし無罪放免されてしまう。どれだけ取り調べが過酷でも、突っ張る時は最後まで突っ張り通す。周囲からは、「三木は取り調べの刑事に催眠術でも使ってるのではないか」と冗談を言われたほどで、担当した刑事の中には三木を「たいした奴だ」と賞賛する人間さえいたという。三木の人間性には「人たらし」の側面がある。

身内に対する連帯感と愛情も深く、女性観も不良の世界では独特なものを持っており、いったん一人の女性と付き合えば他に関係を持つことはなかった。配下のだらしない女性関係も極端に嫌う。裏社会の慣習を次々と打ち破った三木だが、人間との距離の置き方は非常に古風で、また、不器用である。

三木は昭和三十四年に堅気の娘と結婚し、その後すぐ彼女は身ごもったが、その愛情はひとしおで、舎弟たちの中には、「兄貴はふぬけになるんじゃないか」と陰口を叩く人間もいたほどだった。

「姐さんが身重だった頃、夏の盛りの暑さに耐えられず、一人でカキ氷を食べたことがあった。それを聞いた三木は烈火のごとく怒ったが、俺には訳が分からない。姐さんに向かって『今のお前は一番大事な時期なんだ。生まれてくる子供のためにカキ氷くらいなぜ我慢しない』と言ったので、やっと子供や姐さんの体を心配していたんだと理解できた。常日頃から体にいいといわれる昆布茶を飲ませたり、カロリーまで計算して姐さんの体には気を配っていた」（元三声会・後の東声会幹部H）

舎弟たちのほとんどは、三木の家族思いの一面に対しても好意を持っていた。

「父母が達者なうちはなるべく心配をかけないように気を配って、そして親孝行をしろ。本当の親兄弟を大事にできない者が、親分や兄弟分を大事にできるはずがない」

舎弟には繰り返しこう言いきかせた三木を今でも尊敬している配下の人間は非常に多い。暴力社会でのめざましい活躍はもちろんだが、その「人たらし」の性格が周囲の人間を虜《とりこ》にしたのである。

花形敬との対峙

そしてまた、魅力は極端なほど強調される。三木は本当に激しい二面性を持っていた。

こだわることには徹底的にこだわり、そうでなければまったく慣習にとらわれず、きわめて自由な発想をする。前者の筆頭が家族や身内に対する絆であり、後者が暴力社会へのスタンスである。新宿進出はその傾向に磨きをかけた。

三木がこだわらないことの一つに服装があった。

毎日同じよれよれの背広に開襟シャツ、というのが三木の定番スタイルで、雪駄を突つかけどこにでも出かける。舎弟たちが「兄貴にもちょっといい格好をしてもらいたい」とやっとの思いで手に入れた洋服をもらっても、「ありがとう」と言ったきり袖を通さない。

当時貴重品だった百足余りの靴下を三木に届けた舎弟は、次の日に三木の家を訪れ靴下がないのに驚き、「兄貴、昨日持ってきた靴下はサイズが合わなかったのですか」と聞いたところ、

「ああ、昨日来た○○にやっちまったよ」

と言われ落胆した。とにかく、着た切り雀だった。

新宿で愚連隊の帝王と呼ばれた加納貢は、靖国通りで三木と会ったことがある。挨拶に駆け寄った若者はみすぼらしい格好だったが、やけにくったくのない笑顔が記憶に残っており、「後であれが歌舞伎町でいい顔の愚連隊だと聞き驚いた」と言う。

加納たちの世代には「不良はナリだ」という哲学があって、三木のようなスタイルは恥でしかない。世代の違いともいえるが、どちらかといえば、それは三木個人の価値観だったろう。

その反面、自分の美意識に反することは絶対にしない。平気で火中の栗を拾うようなことも多かった。

三木が保釈されて逃亡中のことだ。ボディガードに舎弟二人を連れ武蔵小杉に潜伏していたが、ある晩暇を持て余したのか、そのうちの一人を連れ渋谷に出かけることになった。

「おい、今夜は渋谷で飲むか」

「いいんですか、出歩いて」

「なに、大丈夫だ。無理はしない」

舎弟は心配したが、結局電車で渋谷に出かけた。

何軒かのバーを梯子しているうちに、二人は路上で大きな人だかりに出くわすことになった。舎弟が人混みをかき分け覗いてみると、一人の大男が六、七人の土方を相手ににらみを利かせている。「警察に見つかるとやばい」と考え、三木をその場から連れ去ろうとしたが、三木は大男の顔を見ると、「安藤組の花形だ。助けるぞ」と小さな声でつぶやき、自分に言い聞かせるようにうなずいた。

転がっていた手頃な大きさの角材を舎弟に渡す。二人は落ち合う場所を決めてから、人混みの中に飛び込んでいった。

花形と短く言葉を交わすと、三木はあっという間に土方の一人を宙に投げとばした。三人対六人の乱闘が始まったが、音に聞こえた喧嘩の名手二人にとって、全員を地に這わすことはさほど難しいことではない。だが、途中でサイレンの音が近づいてきたので、「兄貴、もう切り上げましょう」と、心配になった舎弟は三木の手を引くように人混みの中から抜け出した。帰りの電車の中、保釈逃亡の自分を顧みず喧嘩の手助けをした三木に向かって、「もう少し自分を考えて下さい」と舎弟が言うと、

「男の生き方は計算抜きだ。今日のことは誰にも内緒だぞ」

と人懐っこく笑ったという。

東声会の怒り

キャバレーや喫茶店のカスリ、パチンコの景品買いをシノギに歌舞伎町を席巻した三

声会は、博奕、海の家とさまざまな利権に手を伸ばし、いまや新宿のヤクザにとって最も危険な排除すべき存在となった。限度はとうに超え、爆発点までもう後わずかの距離である。「三木を殺せ」という空気は日増しに強くなった。問題は誰が手を下すか、である。

引き金を引いたのは旧「西武グループ」の勢力を糾合して発足した愚連隊組織「青龍会」だった。青龍会は「西武グループ」同様、二幸裏の塚原系統であり、人数は百人余りと少ないが結束は固い。

手始めの事件は昭和三十四年九月十一日、警察の主導で「新宿明朗化運動」が始まったその第一日目に起きる。

コマ劇場脇のT字路で、三声会会員が青龍会の人間に刺殺された。午後六時半、路上にはたくさんの一般人が歩いている。夕刻の歌舞伎町は悲鳴に包まれた。

あっという間に三声会の人間が現場に集まり、三木も直ちに急行。刺殺した青龍会の人間はすでに大久保方面へ逃走していたから、三木以下三声会の本隊はすぐさま二幸裏を急襲した。だが、すでにもぬけの殻だった。

青龍会の会長は歌舞伎町で映画を観ておりこの事件を知らなかったが、映画館を出たところで舎弟からことのいきさつを聞いた。とにかく刺殺した当人から事情を聞こうということになったが、その人間は前日「青龍会に入りたい」と福島から上京したばかりで、新宿の「オリオン」しか知らないという。

オリオンは青龍会の勢力範囲のど真ん中にあるが、三声会が血眼になって報復の相手を捜しており、すでにオリオンは包囲されていた。そんな場所へ出向くのはまさに飛んで火に入る夏の虫だったが、青龍会会長は覚悟を決めオリオンに出かけた。当然、三声会によりあっという間に拉致され、テーブルを囲まれた。

「そのテーブルには俺と三声会の人間二人が座った。周りは何十人という三声会の人間たちが取り囲んでいる。『殺っちまいましょう』という声があちこちから聞こえたが、こっちはどうしようもない。とりあえず運ばれてきた珈琲を飲もうとしたんだが、俺は相手の珈琲にも砂糖を入れるくせがあってね。そのときも自分の珈琲だけにしときゃよかったんだが、三声会の人間の分まで砂糖を入れようとしたらスプーンを持った手がガタガタ震えた。まったく余計なことをしたよ（笑）。

珈琲を飲みながらなにげなく奥のテーブルを見ると、俺の知ってる奴がきょとんとした顔で座っている。こっちは地獄にホトケの思いだった。でも俺と目が合った途端、とばっちりを恐れてテーブルに顔を伏せやがる。ところが、それを見ていた三声会はそいつがうずくまるのを見て、懐に拳銃を呑み込み照準をこちらに向けていると勘違いした」（元青龍会会長）

緊迫した空気のなか、三声会の幹部が殺された人間の親分格に当たる東声会幹部に電話すると、「こっちで話をつけるから、とりあえず解放してやれ」ということで、どうやらすでにトップはいち早く話し合いに入っているらしかった。青龍会会長は無事放免された。

ところが三木の本隊はそれでは収まらない。陳八芳が解散を命じたが、誰もいっこうに動こうとはせず、三木は黙って陳の顔を見つめたままだった。

「返しはいつでもできる。今日のところは葬式の準備が先だ」

と言う陳の言葉にようやく三木は引きあげ、三声会の会員たちもその場から立ち去り始めた。

二次的な犠牲者を出すことなく、後日、この一件は関東の大親分の仲裁により正式な手打ちとなった。もし青龍会の会長が殺されていれば関東でも有数の大きな抗争になった可能性もある。だから幸運だったといえるが、中途半端なまま幕切れを迎えたことで、火種が一層大きくなった可能性も否定できない。歌舞伎町にはいまだ一触即発の空気が流れていた。

以後、およそ一年間、両者はことあるごとに衝突を繰り返し、十数件に及ぶ死傷事件を起こす。

「三木さんとは個人的には仲が良かったし、ブルさん(古河の仇名)とは『なるべく喧嘩をしないようにする』とお互い言ってたんだよ。だけど配下が止まらない。三木さんのところは本当に凄い人数だったからね」(元青龍会会長)

変速機のギヤが狂い始め、三声会のブレーキは走り続けたことによりフェードを起こし始めていた。

「あの頃は葬式ばかりだった」(元三声会・後の東亜会幹部I)という情勢下で、爆発地点は着実に近づいていた。

三声会の余りにも過激なやり口に対し、上部団体の東声会はついに本部に三木を呼び出した。

用件は三声会の解散を指示することだったが、階段を上がったのは三木一人で、その細かな内容は分かっていない。一時間にわたる話し合いが持たれたというが、実際は一方的な三木への締めつけだったとも言われ、本部から出てきた三木の顔面はゆがんで、血だらけだったと言われる。

唯一無二のアウトロー

三声会は膨張の途中で東声会を凌ぐ勢いをつけ始めた。「六本木」と呼ばれる本部の意向はさまざまな形で三木に伝えられたが、三声会はすでに三木一人の意思では止められなくなっている。「六本木がなにを言っても関係ない」というのが大部分の三声会会員の考えで、だから解散の指示も幹部には通達があったというが、実際には何の効力もなく、末端の意識も行動も変わらなかった。なくなったはずの三声会は相変わらず歌舞伎町を牛耳り、暴走を続けていった。

余りにも人数が増えすぎたため、三木はもちろん幹部さえ三声会の行動を制御できなくなっている。「俺は三木の舎弟だ」と言いさえすればそれだけで立派な三声会会員であり、細胞が二つ、四つと分かれていくように倍々に膨れ上がる組織は、結末へ向けて毎日驚くほどのスピードで進化を続けていく。進化の終着地点は、すなわち死である。

三木が殺されたのは、他組織に属する三木の兄弟分が若い衆と口論、仲裁に入った三木に兄弟分が声を掛けたことが発端だった。三木を呼び捨てにした兄弟分に、側近が激しく噛みついて、兄弟分を罵倒した。

三木は側近を叱りつけたが、激高した兄弟分により三木は射殺された。昭和三十六年十月三十一日のことである。

「明るい新宿を目指し、警視庁が環境浄化推進本部を置いて暴力の一掃運動を展開している新宿の真ん中で、三十一日未明、二派の暴力団が争い、怒った片方がピストルを乱射し相手の幹部二人を殺し、二人に重傷を負わせる事件が起こった。（中略）新宿区歌舞伎町の深夜喫茶『オスロ』前で、愚連隊が喧嘩し一人がピストルで射殺された、と淀橋署に一一〇番があった。署員が急行したところ、東声会幹部、三木恢さんが胸を撃たれて即死しており、さらに三十メートル離れた深夜バー『スワン』で東声会大幹部陳八芳さんと同会員N、同会員古河定平さんが重傷を負った。

近くの春山病院に収容したが、陳さんは出血多量で間もなく死んだ。

同署で緊急警戒中の同四時すぎ、世田谷区松原町の甲州街道で、北沢署員が血だらけの二人連れを乗せたタクシーを見つけ、職務質問したところ、塚原組幹部Fと同組員Mで、犯行を自供した。（中略）同署の調べでは、同日午前二時ごろ、Fが酒を飲むため

『スワン』の地下へ入った際、階段で東声会の若い男と肩が触れ合い口論になったところへ陳八芳さんの子分が現れ、Fに刃物を突きつけて凄んだ。そうして顔を殴られた。外に出たFは、戸山ハイツの知人に預けてあったピストル二丁を持ち出し、Mを応援に連れて東声会新宿地区最高責任者の陳さん宅へ行ったが留守。子分の一人をさらって案内役としてスワンへ戻る途中、タクシーのドアを反対側から開けて、子分は逃げ出した。

スワンに戻ったFは、三木さんと話し合いになったところ、逃げた陳さんの子分が『さらわれた』と騒ぎだした。Fは『やられる』と思い、三木さんにピストルを一発発射、Mも押し寄せた三木の子分に向かって二、三発撃った。FとMはスワンに引き返し、地下一階の階段から地下二階のスタンドにいた陳さんにピストルを発射した。

二人は西武新宿駅近くで拾ったタクシーで、八王子方面に逃げるつもりだったという。同署では、今度の事件は、縄張り争いなどからではなく、感情的なもつれが原因とみている」（毎日新聞）

三木は即死、陳は入院先の病院で息を引き取った。現場に居合わせた三声会幹部の話を聞いてみよう。

「喧嘩の原因は若い奴だった。すぐにオスロの前でFと三木さんが話し合ったんだ。一旦は納得して帰ったが、どうにも収まらなかったんだろう。事務所にいたMと一緒に道具を持ってまたやってきた。

明日また話をしようということで別れたから、三木さんは安心していたんだろう。たまたま用事があって店の外に出てきた三木さんと鉢合わせした。Fはなにか叫びながら銃口を三木さんの胸につけて肩を抱き、引き金を引いた。もちろんくっつけてるんだから外しゃあしないよ。即死だった。

俺は何人かで三木さんの近くにいたんだけど、突然でなにがなんだか分からない。銃声を聞いて警護の人間たちはみんな蜘蛛の子を散らすようにいなくなった。そんなもんだよ、みんな。

俺はすぐ近くに停めてあった車に日本刀を積んでいたのを思い出し、すぐに取りに走った。三十秒くらいで戻ると、古河がMに飛びかかっていた。その背中を切りつけたが、二人はオスロの階段を下りていく。

もちろん後を追ったが、道路に出してあった看板のコードに引っかかって、階段を転げ落ちた。そうしているうちに陳のオヤジが地下の入り口から撃たれた。俺は二人を追いかけすぐ外に出たが、二人はもういなかった。

刀をゴミ箱に隠してみんなを呼んでも、全然誰も来やしない。やっと何人かが現れたので三木さんを春山外科に運んだ。陳のオヤジは少しのあいだ生きていた。

三木さんはその日もいつもと同じ三つボタンのスーツに雪駄履き。三声会のバッジが襟に光ってた」

生前の大胆な発想とその行動力、頭領として率いた三声会という空前絶後の人数を擁する愚連隊組織、そして二十五歳の若さで銃弾に倒れた悲劇性が相まって、新宿の不良の世界で三木の名は「伝説」の域にまで押し上げられた。だが、その実態は言ってみれば砂上の楼閣のようなもので、彼は最後まで暴力社会のアマチュアであり、配下の三声会もまたおよそ組織とは呼べないようなアマチュア集団だった。

その証拠に三声会は三木の意思を無視して暴走した結果、その命を奪い去り、あっという間に新宿の裏社会から消え去ってしまう。もちろん、三声会の残党の一部は母体である東声会に合流したが、歌舞伎町の路上の至るところにたむろしていた膨大な数の三声会会員は、三木の死とともに新宿・歌舞伎町から姿を消していった。その天下は、余りにも急激に訪れ、終焉もまた唐突だった。

三声会はその上部団体である東声会が新宿に進出する大きな足がかりを築いたが、東声会がその後しっかりと新宿に根を下ろしたのは、やはり暴力のプロフェッショナルだからこそできたことで、もし三木が殺されることなく三声会がそのまま存続したとしても、時代は彼らのような人間や組織が暴力社会で生きていくことを許さなかっただろう。現代において暴力を金銭に換えるには微妙なさじ加減が必要で、ただ押してばかりいればいいというわけではないし、表面的な抗争は鳴りを潜め、武力衝突の経緯は話し合いと金銭によりもたらされる。三木自身が徹底した今風の組織人へと変われば別だが、三木の周辺にいた人間に聞いても、その可能性は非常に薄いように思われた。三木が求めていたものは現代ヤクザが進んできたベクトル上には存在しておらず、いずれ別の分野へと方向転換をしたのではないかという声も多い。

また、規律の緩い「友達感覚」のアマチュア集団だからこそ、三声会は五百人とも千人ともいわれる人数を擁することができたのであり、厳しい統制の下に組織化すれば、おそらく三声会の人数は激減したはずだ。いずれにしても、三声会は消えゆく運命の組織だったといっていい。

だが、当時の新宿では、アマチュア組織・三声会の伸張により解体に追い込まれたヤクザ組織があり、またヤクザ組織の人間でありながら、盛り場の利権にありつくため歌舞伎町の頂点に立つ三木と縁を結ぶ——その舎弟にならざるを得なかった人間が数多く存在した。プロであるヤクザ組織を向こうにまわし圧倒的な勢力を擁したばかりか、誰もが認めるナンバーワンに昇り詰め、一時期とはいえ歌舞伎町を一つの組織が占有するなどということは、現在では荒唐無稽な夢でしかないが、それを現実のものとしたのが三木恢だった。

時代が生んだこの風雲児は、必然的に数々の組織と摩擦を起こし、足跡だけを残し消え去った。

三木の死は、同時に暴力社会におけるアマチュアの時代の終焉を告げていた。以後の裏社会は、のどかな不良少年たちが友情などという甘っちょろい理想で渡っていけるようなものではなくなった。

事実、彼の死後、同様のスタイルを踏襲、または模倣したアウトローは新宿において誰一人として存在しない。

万年東一——孤高の暴力

愚連隊の元祖

「はっきりいえば、これほど迷惑な存在はない」

ヤクザたちの本音を集約すれば、おそらくこうなるはずだ。なにしろ道理は通っているし、おまけに金で動かないからタチが悪かった。その上、ヤクザ最大の武器である暴力というカードは、最初から使えない。

力の論理を信奉するヤクザは相手の力をかぎとる嗅覚が発達している。ヤクザたちが潔く暴力を捨てたのは、とても太刀打ちできない相手だからである。弱いとみれば徹底的に噛みつくのが弱肉強食の論理。勝てない相手と喧嘩するヤツなどただの馬鹿だ。

ねえ、会長。ここまでくるのにどれだけの時間と手間がかかってると思うんですか。俺が見つけたカモを、さて料理しようという段になって、ひょいと出てこられたんじゃたまんねぇですよ。いくら理想を言ったところで、しょせん世の中は金でしょ。ねえ、会長。頼みますよ。

しかしいくら懇願しても、会長と呼ばれた男は鷹揚な微笑みを浮かべているだけだった。力の社会を生き抜いてきた男にしては、相手を威圧するようなところがないから、それでも話しやすかった。思わず心の声が口をついて出た。

「会長！　じゃあ儲けは山分けでどうですか？　なんとかして下さいよ」

次の瞬間、相手がやっと口を開いた。

「俺たちはな……」

声のトーンはあくまでも優しかった。というよりこちらに憐憫《れんびん》の情を投げかけているようでもある。なぜテメエにはそんなことがわからねぇんだ。不思議な温かさのなかで、そう叱責されているような思いだった。それなのに声をかけられると、暴力センサーが一気に反応し、全身の毛が逆立つのだ。すでに呑まれていた。背筋が凍った。非科学的だが、「気」というより説明のしようがない力である。

「俺たち愚連隊はな、商売じゃねぇんだ」

万年東一がこちらの目をじっと見つめる。もう、蛇に睨まれた蛙だった。

「会長にそう言われてさ。なんだか自分が恥ずかしくなっちゃってさ。もうなんにも言えねぇんだよ。俺もガキだったし、会長も若かったけど、先生に叱られたような気がしたな。そりゃあ学校の先生の言うことなんか聞いたことはねぇ。親の言うことだって聞いたことねぇんだからね。あいつらは口先だけでモノを言うからな。でもよ、あの人は違うんだよ。なんというか、こう、神様っていうのか、仏様っていうのか、とにかくとても勝てねぇ。うまく言えなくて悪いな。学がねぇからさ、許せよ」（広域組織の大幹部だった組長のインタビュー。故人）

この万年東一こそ、「愚連隊の元祖」と呼ばれた裏社会のスーパースターである。

「愚連隊は仕事じゃねえ」

万年は戦後の新興勢力である愚連隊の元祖だった。愚連隊は万年から始まったと言い換えてもいい。戦後を過激に疾駆した安藤組の安藤昇、そしてジュクの帝王・加納貢もまた、万年の系譜に繋がる。

ただし、誤解のないように言っておくが、一般的にいう愚連隊そのものは、ただの与太者である。ノーテンキに暴れ回る暴走族といったところがピッタリだ。全うな仕事にも就けず、さりとてヤクザにもなりきれない半グレと考えれば分かりやすいだろう。万年一派とて暴力の常習者であり、彼ら自身にはなんの生産性もなかった。人間関係にぶら下がり、顔で生きていたことはヤクザと同じだ。配下にはヤクザ以上に極悪な強請、たかりを生業にしている人間もいた。万年がそれを知っていたとは思わないし、定義は難しいが、善良な堅気を泣かせていた万年一派だっている。

しかし、それでも相対的に見れば、愚連隊万年一派が特別な愚連隊だったことは事実だった。いや、はっきりいえば、万年、安藤、加納だけが別物だった。だから愚連隊は大別すると、万年たち三人とそれ以外に分けることができる。ただ彼らを括る枠組みがないため、愚連隊と呼ばれたに過ぎない。

集団的な威嚇力を使うことがなかったという意味で、万年一派の本質はアマチュアリズムにあった。代紋というエンブレムが持つ暴力イメージを最大限に利用するヤクザから見れば、仲良しクラブのような万年一派はまったくただのお遊び集団である。

ヤクザを暴力のプロだとすれば、万年たちはただのアマチュア。だが、そのアマチュアがプロより強い。

気の合う仲間たちが集まったクラブ活動のようなものだから、あくまでも自由参加であり、脱退もまた自由である。厳しい規律も掟もなかった。兄弟分のラインが原則だが、それは先輩・後輩の関係と同質のものだ。

「『ちょっと早く生まれただけで、みんな同じじゃねえか。子分の命を好き勝手に使うなんて法がどこにある』会長はいつもそう言っていた」

そう語るのは、万年と親しかったSである。万年はよほど親しくない限り、年下の人間たちに対しても敬語を使うのが常だったらしい。万年と初対面の人間は、必ずと言っていいほどその丁寧さに驚いたという。

そして万年本人は、決して暴力を金に換えようとしなかった。極論すれば万年の暴力はそれ自体が目的で、二次的な欲望などないとも言えた。後年には依頼者がいたが、若い頃の姿を見ると、たしかにただ暴れ回っていれば満足だったようにもみえる。

それを証明するかのように、万年は生涯驚くほど金がなかった。夫人は質屋通いが常だったという。通常、裏社会の人間たちのいう貧乏は庶民感覚とはかけ離れており、「俺は金儲けが下手だ」という人間であっても、同年代の平均的サラリーマンよりは金持ちだったりする。だからこの手の逸話には、よくよく気を付けなければならない。しかし、万年を測る物差しは我々のそれと同じである。たとえば、これほどの顔役が電車に乗って新宿にやってくることも珍しくはなかったのだ。

「電車が一番便利だ。なんたって速い」

友人たちにそう言ったこともあったという。

もちろん、その顔を頼って様々なトラブルの仲介が万年に持ち込まれ、万年の元に転がり込んでくる金は少なくなかった。しかし、入ってきた金を万年はそのまま吐き出してしまうのだ。それはたとえば若い衆にであったり、友人であったり、時に敵だったりする。泥棒に追い銭ということすらあったらしい。

信じていた人間に、家財道具や女房の着物を盗まれた時がまさにそうだった。万年は「あいつはそれほど困っていたのか」と溜息をもらしたという。周囲があきれかえったのは言うまでもない。

「もし、この窃盗犯が後日会長のもとを訪れ『すいませんでした。どうしても金がなかったんです』とでも言えば、会長はためらわず、もっと金を渡したはずだよ」（元万年一派。故人）

万年には普通の感覚では理解できないところがある。

とにかく自分から報酬を求めたことは一度もなかった。通常、顔で生きている人間と依頼者の間には暗黙の了解があって、成功すれば黙っていてもそれなりの金額を運ぶのが掟である。それを知らず単なるお辞儀で済ませれば、後々手痛いしっぺ返しを食う。しかし、万年にはそれが皆無なのである。目を光らす舎弟連中さえまいてしまえば、万年の力をタダで使うことだってできた。

こういった生き方が「ヤクザは仕事だ。愚連隊は仕事じゃねぇ」という万年の口癖に繋がる。口だけならなんとでも言える。しかし、実行するのは至難の業だ。

「目につくもんはやっちまえ」

「会長は穏やかな人だった。人を怒ったりすることはまったくなかった」

そう証言するのは安藤昇である。安藤が不良の世界で名を売りだした頃、すでに万年は大スターだった。冷静に考えれば年齢的にはまだ若造であるが、なにやら大人《たいじん》の趣さえあったという。

安藤は万年の兄弟分と喧嘩となり、相手を派手にシメてしまったことがある。万年が安藤にコンタクトをとった。

「安藤君、済まないね。一度だけ僕の顔を立ててはもらえないだろうか」

とても勝てねぇ。器量が違う。安藤はそう思ったと述懐する。

しかしその姿からは想像もできないくらい、若き日の万年には無頼の匂いが漂った。三度の飯より喧嘩が好きで、とくればなにやら浪花節チックだが、まさに万年がそうだった。血気盛んな頃のエピソードは数多い。

ぶらり沿線不良行脚の旅は裏社会の伝説になっている。適当な駅で降り、不良を見つけては喧嘩をふっかけるのだ。相手をぶっ飛ばすと次の駅に移動し、また不良を捜して……とそれを繰り返す。一種病的で、まるで喧嘩ジャンキーのようだった。

ひどいときには一日で三十人ほどの相手と対峙したという。数字はべらぼうに多いというたとえだろうが、十掛ける三、あるいは三掛ける十で三十だから、万年なら可能だったかも知れない。

地元の中目黒から新宿に進出したときも、

「かまわねぇ。目につくもんはみんなやっちまえ」

と叫んだというから無茶苦茶だった。この時の万年の立場は、ヤクザ組織の用心棒的な存在である。老獪な親分が血気盛んな愚連隊をそそのかした構図といってよかった。

しかし、万年はどうやらそれを承知で舞台に上がったらしい。互いに利用しあう共生関係で、実際はどっちもどっちだ。

成り下がり集団

新宿に進出した万年の前に強敵が立ちはだかった。それが「爆弾マッチ」と呼ばれた山崎松男のグループである。

この一党は万年一派とはあらゆる意味で対照的だった。一説には江戸時代から続く四谷界隈「サメの不良」と呼ばれた流れに位置しているともいわれる。これは簡単にいえば労働者階級から出た不良たちのことで、一種階級社会の産物といえた。彼らは上昇志向が強く、ハングリー精神が旺盛だった。「爆弾マッチ」の異名は喧嘩の際にダイナマイトをぶん投げ、這い出てきた人間をめった斬りにした事件に由来していた。こういった暴力イメージは威嚇力となって、大きな力を発揮した。

対する万年一派は、典型的な成り下がり集団である。成り下がりというのはなにも造語ではなく古くからヤクザ社会にあった言葉だ。万年自身、由緒ある士族の出で、教師の一家に生まれている。いわば厳格な家庭に育てられた良家の子息だった。環境や貧困がアウトロー社会の引き金だとすれば、万年にはなんの理由も見当たらない。万年が異常なほど金に執着しないのも、幼少期の環境や教育が影響していたと思われる。

同様に万年一派には、山の手の坊ちゃんたちが多かった。後継者たる安藤昇や加納貢も、お堅い家庭に育っている。

後世の見方をすれば、この対決はいわば星飛雄馬と花形満の関係に似ていた。両者は共に暴力を信奉するアウトロー集団であるが、一方はただ勝つことが目的で、一方はそれを踏み台にのし上がることが目的なのだ。背負ったものは大きく違う。両者は似て非なる集団である。

万年は新宿に来たばかりということもあって、下馬評は爆弾マッチの優勢だったらしい。だが、万年の立ち上がりは素早かった。

万年の一派がマッチを見つけたのは、昭和九年八月のことである。新宿六間道路で万年一派の大光、小光の二人がマッチを襲撃。日本刀で左手首を切り落とすのだ。当時の喧嘩は根性の見せ合いで、命を取ることはあまりない。これも万年の指示だった。その後マッチの報復劇もあったが、結局不発に終わった。これを契機に万年一派の名前は、裏社会で不動のものとなる。名のある剣客を倒して名を上げたのと同じである。

大光、小光というのは、万年舎弟の筆頭格で、清水次郎長一家の大政、小政を気取って付けられた異名だった。ちなみに小光は安藤と加納の兄貴分だ。

懲役はことのほか安かった。実行犯は一年六ヵ月、万年は執行猶予である。当時は戦争に突入しようという時代の空気があって暴力事件には寛容だったのだ。

見返りを期待するのは下衆

その後の万年は時代もあって右翼活動に傾倒していった。次第に一歩引いた形で裏社会の顔役となったが、彼の孫分である安藤や加納を側面から支援したことは多い。

たとえば、渋谷でおこった安藤組と地元博徒一家との抗争の際もそうだった。たまたま安藤が博奕場に行って不在であり、捕虜返還の交渉に出向いたのは加納である。

しかし、加納はだまし討ちにあって拉致され、無抵抗を貫いたため瀕死の重傷を負った。政治的手段でそれを救い出したのは万年だった。

「人に頼られるのはいいが、人を頼っては駄目だ。自分のケツは自分で拭く。それが俺たちの鉄則だ。また、見返りを期待するなんて下衆《げす》だよ。それは商売人のやることだ」

そういう万年だから、ヤクザのことは嫌いだと公言していた。

「会長がある組織の跡目候補になったことがあった。客分だったが、是非にと三顧の礼で請われた。会長は人を傷つけたりしないからね。丁寧に断ったそうだ。その親分のことも、心情的には好きだったらしい。そのあともそんな話がいくつもあった。でも、会長はヤクザが嫌いなんだよ。よくそんなことを言っていた。個人的にどうのこうのじゃない。ヤクザは金儲けのためだから」(加納貢)

そのためか、万年は最後まで組織らしい組織を作らず、アマチュアリズムを徹底した。後年右翼結社を結成したが、加納たちの話によれば、それもどうやら嫌々だったらしい。組織は一人歩きする。そうなればいつしかそれが仕事になってしまうことだってある。

ではなぜ会長なのか？　右翼団体を作る前から、万年はそう呼ばれている。

「あれはボクシングジムの会長ってことだよ」(加納貢)

当時のボクシングジムは不良の巣窟だったとはいえ、その会長がヤクザの会長と対等以上に渡り合うのだから、戦後の裏社会は面白い。

現在の裏社会には、強い個人の生きていくスペースなど皆無である。

弱い人間でも強い組織に入れば喧嘩に勝てる。もし万年が生きていたら、

「だからヤクザは嫌いだ」

と言うかもしれない。

第二章　「仁義なき戦い」のモデルたち

広島抗争とは何だったのか

『仁義なき戦い』誕生秘話

昭和四十年、中国新聞の暴力団追放キャンペーンが第十三回菊池寛賞を受賞した。受賞理由は「地域社会に密着する地元紙として暴力団追放を宣言、徹底した報道活動を続けている勇気」というものである。それを受け同年の月刊文藝春秋四月号には、当事者である中国新聞報道部記者が執筆した『暴力と戦った中国新聞——菊池寛賞に輝く新聞記者魂・勝利の記録』という記事が掲載される。この記事を読んだ網走刑務所の看守は拘置中の服役囚・美能幸三《みのこうぞう》に向かって「おい、お前のことが書いてあるぞ」と文藝春秋を手渡した。美能が懐かしさのあまりに飛びついて読んだ記事には、様々な思惑が複雑に絡み合う広島抗争の経緯が短い文章でこう書かれていた。

「神戸山口組の地方都市進出をめぐって、山村組（現共政会）幹部頭の地位にあった美能幸三（四〇）＝入所中＝が、他の組幹部の意向を無視して山口組と勝手にサカズキを交わした。怒った山村組長らは美能を破門、険悪な空気になった。美能は、山口組とすでに結んでいる打越会と山口組とに助けを求めたため、両派が真っ向うから対立、これが亀井射殺事件に発展した」（月刊文藝春秋昭和四十年四月号）

要するに美能幸三の筋や義理を欠いた日和見主義・利益第一主義の行動が、抗争の原因になったという解説である。ページを読み進めるうち、美能幸三の顔面はみるみる紅潮していった。怒りに全身が震え、体内の血が逆流していく。

〈わしはこげなこと天地神明に懸けてしとりゃせん。これじゃあ洞ヶ峠ではないか〉

確かにこれでは外道だった。中国新聞の記者が意識して書いたとは思われないが、堅気社会以上にメンツや体面にこだわるヤクザを辱めるためには、これ以上の表現はない。美能はその日から房舎の机にかじり付き、こみあげる怒りを抑えながら、冷静に一つ一つの事件を思い出して客観的に文字を綴った。七年間にわたる執念は総計七百枚の手記として結実する。

この美能幸三の手記をもとに飯干晃一の手によって書かれたのが『仁義なき戦い』だ。連載から半世紀近くの月日がたった今でも人気は衰えず、最近でも様々な書籍が上梓されたり、映画キャラクターのフィギュアが販売されているから、内容はともかく、この秀逸なタイトルを耳にしたことのない人はいないだろう。

当時の人気はすさまじかった。週刊サンケイの読者アンケートでは常にトップの人気を誇り、印刷所ではゲラが奪い合いになったという。映像のインパクトも強烈で、次々と続編が作られ、爆発的なヒットとなった。これまでの逆説的道徳映画のようなヤクザものとはまったく違い、人間の弱さを前面に打ち出したリアリティが見るものを圧倒したのである。

実際の抗争は映画以上に凄惨である。

死者三十七名、重軽傷者六十六名を数え、二十五年という長期間に及ぶ広島抗争は県全土を巻き込んだ広域的、かつ重層的な抗争なのだ。戦後秩序が崩壊した日本列島には全国各地でアウトロー社会の再編が行われヤクザ抗争が勃発したとはいえ、これほど大規模なヤクザ抗争は他に例がない。

主戦場は呉、そして広島である。この二つは当初、別個の要因で発火している。その後、二つの抗争が合流し広域化するため非常に分かりにくく、映画『仁義なき戦い』もやたらごちゃごちゃしているが、それぞれを分類しながら広島抗争の初期段階を見ていきたい。

梅宮辰夫が演じた「悪魔のキューピー」

『仁義なき戦い』の第一作は呉抗争が題材である。

「ワレ、ボンクラの愚連隊のくせして、ここらのカスリ取ってるがの、ここは元から土居のシマじゃ」

と啖呵を切る土居清土居組組長のモデルは、土岡組土岡博。呉における地下帝国の熾烈な覇権争いは、この土岡組と海生組・山村組・小原組の三派連合との間で繰り広げられた。

戦後の呉はアウトロー天国である。

というのも海軍の一元管理の元であっという間に巨大な経済圏を形成するに至った呉は、敗戦によって絶対的な支配者を失い、一気に無政府状態に陥るのである。膨大な軍需物資が不完全な施設に山積みされていたため、全国各地から復員くずれ、チンピラ、詐欺師、窃盗団、愚連隊などが集まり、暴力事件が頻発した。呉の復興は阿賀地区から始まった。阿賀を本拠とする戦前からの博徒組織が前述の土岡組だ。土岡組は渡辺長次郎の流れを汲む名門組織で、土岡吉雄を当代に、実弟の土岡博、正三の三兄弟が実権を握っていた。配下には殺人鬼と恐れられた「悪魔のキューピー」こと大西政寛、そして「最後の博徒」こと波谷守之らが名を連ねる。阿賀の復興事業が活性化するにつれ阿賀港に集まる博徒や不良を吸収して勢力を拡大し、「東の土岡か西の籠寅（現合田一家）」といわれるほどになった。

対する海生組・山村組・小原組の三派連合の最大勢力である海生組は、やはり戦前から続く博徒組織で、広島ガス阿賀工場の荷役業務を請け負う港湾ヤクザである。海生逸一はのちに土木業にまで進出、土岡組とは荷役業務の権利を巡って対立抗争を繰り返していた。戦後は実弟に広島ガスの権利を譲り、呉の興行界に進出したのち、多数の映画館や興行場を支配下に収め興行界のドンとして君臨する。

その海生が手足としたのが山村組と小原組だった。海生はまず山村辰雄に目を付け、仲介人を通じて資金援助を行い、昭和二十一年十月土木請負業「山村組」を発足させると、同年に親戚筋で愚連隊の頭領だった小原馨に小原組を設立させ、前線部隊として配置した。海生が大名、山村組が旗本、小原組が戦闘班と考えれば分かりやすい。

戦闘は土岡組と小原組の間で始まった。昭和二十一年八月十四日、盆踊りの夜、土岡組土岡正三と大西政寛が小原馨《こはらかおる》を拉致し、その左腕をバッサリと一太刀で切り落とすのである。土岡組の攻撃はあくまで威嚇で、そこには「たかだか小原組」という老舗組織のプライドが露骨ににじんでいる。だが、失うもののない小原に威嚇は通じない。中途半端な攻撃は怨恨を深め、結果的に土岡組の崩壊の原因に繫がっていくのである。冒頭に抜粋した映画の台詞はこのシーンのものだ。

海生サイドがとった策は、大幹部である大西の懐柔による土岡組の揺さぶりである。大西は感情の起伏が激しく、激高すると自己コントロールが不完全となるが、激情家の常で多感で情にほだされやすい。籠絡《ろうらく》するのは、おそらくさほど難しいことではないし、その後大西が激高するツボをうまく押せば、土岡組に対してキレる。大西というビッグネームの離反は、土岡組には大きなダメージを与えるだろう。大西に土岡博を殺害させ、あとは自滅させる。それがベストのシナリオだった。大西はまんまと罠にはまり、土岡組土岡博組長殺害を計画する。そして警官隊に包囲され、銃撃戦の末に死亡した。

土岡組は一気に崩壊した。残党が理髪店で小原馨を殺害したが、それ以上の力はなかった。旗本の山村組が呉を制圧し、覇権を握る。しかし、今度は山村組内部で不穏な空気が漂い始めたのである。

松方弘樹が演じた野心の若頭

宿敵だった土岡組が崩壊し、盟友だった小原が殺された後、胸の奥底にしまいこんでいた野心を露《あらわ》に行動を開始したのが山村組佐々木哲彦若頭である。佐々木は、当時の呉を知るヤクザの誰もが「生きていたら広島の地図が変わった」というほど突出した力を持っていた。暴力性、組織力、経済力とどれをとっても、当時の呉では佐々木の右に出るものはいない。佐々木は次々と反対派組長を殺害し、ついに最後の邪魔者を排除しようと動き出す。常に陰から陰へと身を寄せていたが、もはや楯は必要ない。配下を使い捨てにしたと同様、山村組長はもう用済みだったのだ。殺してもいいが、曲がりなりにもおやじだし、まあ、引退してもらえばいいだろう。

対する山村組長も、佐々木の暗殺を計画し、様々な手を講じて対抗するが、この段階では焼け石に水だった。山村組の古株幹部である野間範男を味方につけるが、その空気を察した佐々木は躊躇なく野間を殺害する。そして佐々木は広島の岡敏夫の後押しを得て、ついに本丸も占拠。昭和三十四年六月、山村組長は心ならずも事実上引退し、山村組は解散したのである。

佐々木による呉の完全制圧はあと一歩だった。あとは盟友小原馨の小原組を制圧すればチェックメイトだ。

小原組は故・小原馨の女房である清水光子が跡目となっていた。暫定的な措置であり、あとは自分の傀儡《かいらい》を小原組長に据えればいい。佐々木は自分が経営する遊郭に小原組の組員を招集し、二代目組長人事を発表した。

しかし、その天下もここまでだった。佐々木は強引な人事に反発した小原組門広の一派によって殺害されてしまうのである。憎しみが憎しみを呼び、殺人が殺人を生む。呉は完全な血の連鎖に入り込んでいた。

空白地帯となった呉に、山村組が返り咲いた。考えれば考えるほど強運だった。そしてその強運はさらに大きな力を呼び込んでいく。広島の覇者だった岡敏夫が突然引退を表明し、その後継者に山村組長を指名するのである。

こうして呉と広島の抗争……二つの点が結ばれ、一つの線になった。血の連鎖は新たな憎しみを呼び、広島裏社会はさらに激しい抗争へと突入していくのである。

『広島死闘篇』の背景

暴力を信奉する以上、殺し合うのは宿命だった。なにしろそれぞれが自分たちの掟にのっとり、同じ広島駅前を棲み家としているのだ。テキヤにとっては庭場、博徒にとっては縄張り。堅気からみればどっちも勝手な理屈だが、ともに自分が正当な権利を持っていると固く信じている。その上、戦争によって裏社会の秩序が破壊され、稼業と渡世の境界線は曖昧だったから、ときにテキヤが賭場を開き、博徒が闇市を仕切るようになっていた。こうして有り得ないはずの二元支配が生まれ、ボーダーラインを見失った両者は激しく対立する。テキヤvs.博徒。これが広島抗争を泥沼化させた根本だ。

隣町の呉から北西約十五キロメートルの地点に位置する広島市には、もともと渡辺長次郎の渡辺組や近藤一家などの伝統ある老舗博徒が数多く存在する。しかし原子爆弾や空襲によって多くの顔役・親分が死亡し、戦後になると様々な新興勢力が台頭するようになった。その代表格が渡辺長次郎の舎弟・天本菊美から盃をもらいうけた岡敏夫だった。岡は瞬く間に広島博徒社会を席巻した。

当初、岡を後押ししたのは警察である。広島駅で鉄道貨物を狙った列車強盗が頻発したため、無力な警察は天本一家に広島駅の警備を委託したのだ。その警備隊長に就任したのが岡で、岡は報酬として賭場開帳の黙認をとりつけることに成功した。権力のお墨付きを手に岡は堂々と広島駅前に賭場を開いた。

だがコロコロ態度の変わる警察が、いつまでも黙認を続けるとは考えにくい。最終的には中華人に対して捜査権がおよばなかったことを利用して、賭場をそのまま華僑連盟役員・張水木の名義にして、屋上に青天白日旗を掲げる。このため白昼から公然と賭場を開帳しても、占領下にある日本の警察は踏み込むことすらできない。こうして岡道場は市内でももっとも多くの顧客を集めるまでに成長するのだ。昭和二十一、二年には月に百万円を超える寺銭をあげていたというから、ちんけな賭場とは比較にならない大きさである。

岡はもともと船員で、あか抜けたセンスと風貌を持っていたと言われる。金と力はないはずの色男が潤沢な資金とクソ度胸を持っていたのだから、老若男女問わず人間が集まったのも当然かもしれない。広島駅警備隊長は、やがて周辺の顔役的存在となり多数の子分を従えた。

その同じ場所を庭場としていたのがテキヤの村上組（村上三次組長）だ。村上組は廃墟となった広島駅前にいち早く闇市を開設し、個人営業が基本の露天商人を束ねることで急成長した。また近隣の商店や飲食店から用心棒代名義で金を集め、じわじわと勢力を拡大する。

もともと神農会秋月一家系列で紛れも無いテキヤだが、実態は現代暴力団に近く、伝統的な神農会の枠に収まらなかった。ブラックマーケット内部や、道路出店などを支配し、ショバ代、ゴミ銭などで法外な利益をあげるかたわら、土建業に進出するなど経済ヤクザとしての先進性を持っていたのである。なにより、博奕すら常習としていたのだから、すでにテキヤの範疇を越えた進化形といっていい。寅さんとは似て非なる存在である。

殺意が充満する街

一般的にいえば、テキヤはあくまで露店を生活の糧とした商売人である。額に汗して働く立派な労働者なのだ。どうしても暴力的に劣勢になりがちで、実際、一部の例外を除き（中には突出した武闘派も存在する）、喧嘩では博徒に一歩引けをとるところが多い。そのため村上組は対岡組の戦闘部隊として暴力専従班を作りあげた。この行動隊長が村上正明だ。彼は親分の実子としては珍しく、本物の突破者だった。まるで愚連隊そのもので、いつも抗争の中心人物となっている。

最初の攻撃もこの村上正明が仕掛けた。にらみ合いが続くなか、テキヤの大親分から「博徒に地盤を食い荒らされた」と非難されたため、決死隊を組織して岡道場に乗り込むのである。村上は岡に馬乗りになって、拳銃を発射しようとした。しかし岡組の若衆に阻止され、目的を果たさぬまま逃走する。

親分が無事だったからといって許される事ではなかった。つぶされたメンツのため、きっちり仕返しをしなければならない。岡組幹部である網野光三郎と原田昭三が村上の隠れ家を強襲する。不在だったため村上組組員を神社に連れ出し、決闘のうえ射殺した。

単発的な喧嘩ならここらへんで仲裁が入り、まあまあ、ということになるところだ。だがこの喧嘩は必然的といってよく、どちらかがこの地を去るまで終わらない。

岡組は村上組の殴り込みを警戒し、毎夜道具を持った戦闘部隊が待機していた。予想通りだった。

ある夜「パリン」という音がして岡道場のガラスが割られると、村上組の行動隊が殴り込んできたのだ。場内は一気にパニック状態になる。敵味方入り乱れて乱闘が始まった。どちらも脅しでなくマジで殺すつもりだから、部屋に充満する殺意が凄まじい。

このとき岡組の戦闘班にいたのが殺人鬼と呼ばれた山上光治だった。無断で露店を開き、村上組に瀕死の重傷を負わされた山上は岡に拾われ、そのまま岡組組員となっていたのだった。復讐の鬼と化した山上は村上組組員が持つ拳銃を奪い、ためらいなく射殺する。喧嘩での士気はその場の雰囲気だ。村上組組員たちに動揺が走り、彼らは死体を置き去りにして逃走した。

このとき山上には巡査殺しの過去があった。無期懲役を絶食で執行停止とし、病院から脱走していたのである。にもかかわらず、再び殺人を犯したのだから、今度は極刑も考えられた。ならば絞首台で殺されるより、出来るだけ村上組のヤツらを道連れにしよう。こうして山上は殺人マシーンに変貌した。

山上はすぐに村上組幹部の拠点を襲った。しかし留守だったため、

「代わりに死ねや」

と配下を射殺する。ちなみにこのとき命拾いをした幹部も、結局三年半後に射殺されるのだが……。

警察は手負いの獣を必死になって捜査した。しかし山上は自ら拳銃をくわえ自決するのだ。

殺戮の連鎖

度重なる抗争は多くのヤクザたちの命を奪い、大きな社会問題となった。昭和二十四年四月、団体等規正令が発布されると両組織は財産を没収された後、強制的に解散となる。同時に長い間続いた抗争も和解となり、広島に平和が訪れた。

だが、講和条約発効とともに団体等規正令の廃止が決まると、再びヤクザたちが街を闊歩し、すぐに岡組も村上組も再建された。状況はなにも変わっていないのだから、これですべては振り出しだ。

今度の抗争はオープンしたばかりの広島競輪場の利権を巡り勃発する。酒場でのいざこざから村上組組員が岡組組員を刺したことによって、偶発的な喧嘩が一気に火薬庫に火をつけ、両者は再び激しい抗争に突入していくのである。

一気にカタをつけよう——岡組は敵の中心人物である村上正明に刺客を向けた。理髪店で腹部を撃たれ、村上はそのまま昏倒したが幸運にも命は取り留めている。無事とはいえ村上組の劣勢は目に見えていた。チンピラを一人二人殺しても状況は変わらない。

そのため村上組は途方も無い捨て身の攻撃を開始する。なんと本拠を引き払い、数軒のアジトを確保すると、露天商の経済班を残して一斉に地下に潜ったのだ。

〈岡組を皆殺しにする！〉

これが村上組組員の決意だった。ロマンやメンツよりも確実な殺人。必殺を期すため正面突破を避け、執拗に尾行してチャンスを待ち、一人になったところを路上で殺すというゲリラ戦法だ。

ここからはまさに血で血を洗う惨劇のオンパレードで、昭和二十七年十一月から二十八年一月までのわずか三ヵ月の間に十五件以上の殺傷事件が勃発したほどだった。宿命的な対立はとどまる所を知らない。撃たれて撃ち返し、殺し殺されという殺しの連鎖だ。

あまりの激しさに、いったんは岡組が手に入れた競輪場の利権を白紙撤回する案も浮上した。しかし、実態はフィルターを一枚通しただけであり、岡組の利権は何も変わっていなかったため、村上組は再び激怒した。

〈今度は組長の岡を殺る！〉

いまのヤクザ組織とは違い、当時、特に広島には「どうせ殺すならトップを」という考えが根強い。安全地帯に陣取り将棋の駒のように子分を動かすいまの抗争とは違って、親分の死亡率が高いのである。だが、気配を察した岡組は岡に厳重な警備をつけていた。ならば次のターゲットは幹部である。

こうして村上組は情婦と密会中の岡組幹部、高橋国穂を射殺する。なにも賛美するわけではないが、隣にいた裸の女には傷ひとつない見事な襲撃だった。平気で堅気を巻き添えにする現代ヤクザの刺客とは、根性も信念もまったく違うということだろう。

こうなるとお互い意地の張り合いだった。街で鉢合わせになれば銃撃戦が始まる。この異常事態に警察は徹底取締りを開始した。だが、喧嘩両成敗ではなく、検挙されるのは村上組ばかりである。これは岡組が権力にがっちり食い込んでいたためで、まさに政治の勝利だった。村上三次、村上正明も逮捕され、組員は四散。こうして村上組は有名無実化する。

十一名の犠牲者を出し抗争は終結、岡組は広島の覇者となった。もはや広島に火種はなかった。だが、岡組長が突然引退を表明し、後継者に呉の山村組山村辰雄組長を指名したことによって、新たな火種が生まれる。広島と呉の個別な抗争が、一気に両市をまたいだ広域的な抗争に発展するのである。

昭和最大の抗争に

これ以上ない強運の持ち主だった。

目の上のたんこぶである土岡組は自壊し、造反して引退を迫ってきた佐々木哲彦若頭は殺され、いままた広島最大勢力の跡目が転がり込んできたのである。自身はなにもしていないのに、先々で扉が自動ドアのようにオープンする。苦労しても貧乏くじばかりひく人間がいるかと思えば、山村組長のように大事な場面でぼた餅が落っこちてくる人間もいるのだ。なせば成るなど大嘘。世の中はまったく不公平である。

いまや呉を制した山村組は岡組を糾合、一挙に両市をまたいだ二百二十人の大組織となった。以降、山村組は広島の打越会と熾烈な抗争を繰り広げることとなる。両組織とも抗争の過程で県外の大組織をバックに付けたため、この抗争は俗に代理戦争と呼ばれた。映画『仁義なき戦い』では第三作、タイトルもそのまま『代理戦争』である。

悲劇の引き金を引いたのは岡組岡敏夫だった。戦後の広島暴力社会に君臨した帝王は、昭和三十七年五月、侠道一代限りとの声明を発表し、引退を表明したのである。病のため組員の面倒を見ることが出来ず、息子の学業に支障があるというのが表面上の理由だ。実際のところは本人しか分からないが、広島という気性の荒い地域では抗争になると容赦なくトップが標的となり、親分の死亡率が高い。裏社会で充分な資金を得ため、これ以上リスクを冒す必要がないと判断したのかもしれない。

通常、跡目は組内の若者に譲られる。しかし、力の拮抗する幹部たちが互いに憎しみあうのを恐れたのか、岡組長は第三者に組織をまるごと渡す決意を固めた。

第一候補は同じ広島の打越組打越信夫組長である。岡組長の舎弟であり、岡組とは非常に親密な間柄だ。地元広島生まれで、戦後は兵役で身につけた運転技術をもとに運送会社を設立、ヤミ物資運搬をきっかけにヤクザ社会に足を踏み入れた。

一方で広島市西部の己斐駅前の闇市を根城とし、岡組と提携しながら賭場を開帳し莫大な利益を上げた。

打越組長は九分九厘、跡目は自分のものだとほくそ笑んでいたという。なにしろ賭場が好調なのに加え、戦後始めた運送業はいまや実兄のタクシー会社を吸収して成長、舎弟の中では抜群の資金力を誇っていたし、組員数も約八十名と群を抜いているのだ。

岡の引退が現実味を帯びた話になると、打越組長は狂喜した。ばかりかその皮算用を手みやげに、暴力社会でよりいっそうの勢力拡大を成し遂げようと、神戸の三代目山口組に接近、山菱の代紋を手に入れようと画策する。

「ワシは岡組の跡目をもらいますけん、そうしたら田岡親分の舎弟にしてつかあさい」

全国進攻をもくろむ山口組にとっても、渡りに船である密約がかわされ、打越組の発展は約束されたかに見えた。しかし、これを聞きつけた岡組長は激怒、急激に親しい間柄となった山村組長と同調しながら激しい抗議を行った。打越はやむなく盃を延期、しかし、岡は打越を見限り、跡目を山村組長に譲ったのである。

その理由は定かではないが、独立独歩の気風を尊ぶ岡組長があくまで広島のことは広島で、と考えていたこと、また、岡組の勢力範囲内で賭場を開いていた打越組長が規定のテラを納めなかったことなどがあげられる。どちらにしても、打越組長の軽率、かつ短絡的な行動が逆鱗に触れたと考えてよかった。地団駄を踏んで悔しがったというが、身から出た錆なのだ。

同時にこの逆転劇の背景には、野心に燃える山村組長が岡組に盛んな資金援助をしたからだともいわれる。水面下での裏工作は山村組長の十八番なのだ。狡猾とも言えるが、そのことは本来、なんら非難されるべきことではない。ヤクザの世界はなんでもあり、綺麗とか汚いなどという価値観でヤクザ社会をみるなど、おとぎ話のような任侠映画の見過ぎである。

勢いに乗じた山村組長は山口県光市で起きた岩本組対浜部組の抗争の仲裁において不手際があったと打越組長を詰問、一気に敵対勢力の力を削ごうとたくらんだ。しかし、山口組の援護射撃によって、この計画は頓挫。結局、打越組の山口組入りを後押しした形となる。こうして昭和三十七年九月、打越組長は山口組田岡一雄組長の六十一番目の舎弟となり、広島に山菱の代紋が生まれたのである。

山口組入り後、襟元のバッジを輝かせ打越組は打越会へと名称変更した。だが、この動きが広島に暴風雨を呼ぶ。山口組の脅威に対抗するため、山村組が山口組最大のライバルである本多会と盃を結び、親戚組織となるのである。ここに代理戦争の構図が完成した。広島に一触即発の緊張感が漂った。

お互い大組織をバックに付け、両者は動くに動けない膠着状態となった。戦後すぐの頃ならともかく、これほどまでに大きくなった組織同士の抗争には大義名分がいる。実際はイチャモンにすぎなくとも、相手を殺す正当な理由が不可欠なのだ。実際は組織を大きくしたからとか、シノギで相手が邪魔だからという理由であっても、それを表面に掲げることは出来ない。この辺りはアウトローの中でも日本特有の価値観であり、社会と完全に敵対して存在し得ないヤクザの極めて日本的な部分である。現在もヤクザは表面上麻薬撲滅を掲げながらシャブを売る。任侠団体の看板で恐喝する。本音と建前。ダブルスタンダードの社会構造はアウトローまで感化しているのだ。

錦の御旗を得るため、両者の駆け引きは極めて政治的だった。使われたのはヤクザの基本である疑似血縁制度――盃だ。

ヤクザだって家族がいる。たとえば打越会組員の親戚縁者・一族郎党すべてが山村組と無関係なわけではない。たとえば兄妹が、親戚が相手組織の経営する会社に就職していることだってある。両者はそういった人間たちを生け贄に選び出し、八つ裂きにすることで相手を挑発、先制攻撃を誘ったのだ。どんな理由があろうと、殴られれば仕返しが出来る。たとえ指を折られた報復に殺してしまってもそれはその場の過ちであり、「たしかにやりすぎたが、原因を作ったのはあっちだ」と、逃げ口上を打てるのだ。

打越会では義弟が山村組経営のキャバレー「パレス」で働く山口英弘が、山村組では組織の都合より筋を重んじる美能幸三がスケープゴートになった。いわれのない絶縁合戦が繰り広げられ、小さな諍《いさか》いが組織間の抗争に発展していくのである。

「つまらん連中が上に立ったから」

山村組と打越会は激しく対立したが、この時の抗争は配下の圧力が限界点を越え、暴発したものが主であった。戦いには一貫性がなく、トップは常にフラフラしていた。親分の腰が定まらないから、トドメを刺すことも、和解することも出来ない。広島は山村、打越両組長の迷走に付き合わされ、だらだらと散発的な殺し合いが続けられたのである。

昭和三十九年五月、だらけた抗争状態に終止符を打つべく、広島の山村組、村上組、山口（英）組の三団体が中核となり、政治結社共政会（現在は任侠団体）が発足する。同年六月二十九日には結成披露が行われ、その際にはさらに四団体が加入。初代共政会の総勢は七団体、約七百人となった。会長には山村組・山村辰雄、副会長には村上組・村上正明、理事長に服部武、幹事長には山口（英）組の山口英弘が就任。山陽道はもちろんのこと西日本地区でも屈指の組織が誕生したのだ。

だが、関連企業の脱税を摘発され、警察の追及が厳しくなったこともあって、山村会長は昭和四十年六月に引退した。二代目会長となったのは服部武理事長。後任の理事長には出所したばかりの山田久（のちの共政会三代目会長。後述）が就任する。

一方の打越会はその傘下に七団体を擁したものの、昭和四十二年八月に打越信夫会長が引退。打越会は解散し、抗争は手打ち無きままなし崩し的に終結した。これで広島のヤクザ組織は地元勢が大同団結した共政会一本となった。

山村組山村組長と打越会打越信夫組長は、濃縮された人間性の権化だった。ある意味とても人間くさい彼らの欲望と短絡的な発想が、広島を際限なく歪めていったのだ。広島抗争が泥沼化したのは広島ヤクザの気質など様々な理由があるが、この二人の存在が大きく影響していることは否めない。『仁義なき戦い』が「つまらん連中が上に立ったから、下の者が苦労し、流血を重ねたのである」という言葉で結ばれているように、トップの器量のなさが広島裏社会を混乱に陥れたのである。

余談となるがその後の広島はどうなったかに触れ、広島抗争の結びとしたい。

長い戦いが怨念を燻《くすぶ》らせたため、火種はすぐには消えることがなかった。その後、共政会内部でいくつかの抗争が勃発するのだ。

昭和四十五年十一月、三代目会長に山田久理事長の就任が決定すると反主流派が反発。同月十八日、山田理事長の乗った車が大阪・西成で銃撃される事件が起きる。車に乗っていた原田昭三副会長が死亡、山田理事長も重傷を負ったが、襲名式は強行され、晴れて三代目山田久会長が誕生した。以降、昭和六十二年に病に倒れるまで山田三代目は山陽道のドンとして君臨する。

その後二年十ヵ月にわたり会長空席のままだった共政会だが、平成二年九月、沖本勲理事長が四代目に就任した。

もはや広島に抗争の要因は皆無である。『仁義なき戦い』で数多くの血が流された事実も、もはや過去の話だ。

「野心の若頭」佐々木哲彦と「片腕切断」小原馨

二人の組長

ここからはそれぞれの事件や登場人物を、より掘り下げてみていく。一部重複もあるが、ご容赦いただきたい。

戦後の呉には四つの主要なヤクザ組織が存在した。土岡組、海生組、山村組、そして小原組である。

呉における地下帝国の熾烈な覇権争いは、このうちの海生組・山村組・小原組の三派連合と、土岡組の間で繰り広げられた。小原馨はこの三派連合の最過激組織であり、抗争の最前線部隊となった小原組の初代組長である。佐々木哲彦は、山村組発足時から山村組の若頭を務めた山村組大幹部で、二人は兄弟分だった。

ヤクザ社会の兄弟分は全面抗争の抑止や紛争解決の糸口として対立組織の人間同士が

結ぶケースも多いが、小原と佐々木は利害の一致した同派に属しており、その生涯は密接に絡み合っている。

二人の生涯に入る前に、当時の呉、そして広島ヤクザの状況と、主要な組織・人物の概略について触れておきたい。

呉から北西約十五キロメートルの地点に位置する広島市では、渡辺長次郎の渡辺組や近藤一家などの伝統ある老舗博徒が多数存在したが、アメリカ軍によって投下された原子爆弾や空襲によって多くの顔役・親分が死亡し、戦後はさまざまな新興勢力の台頭がみられた。その代表格が、戦火を逃れた渡辺長次郎の舎弟・天本菊美から盃をもらい受け、渡世入り後は瞬く間に広島博徒社会を席巻した岡敏夫である。

当時、広島駅では鉄道貨物を狙った列車強盗が頻発し、無力な警察は思案の末に天本一家に広島駅の警備を委託した。その警備隊長に就任したのが岡敏夫で、もちろん警備の報酬はないが、代わりに警察の黙認を取りつけ広島駅前を縄張りとして勢力を拡大していった。最終的には日本の警察が手を出すことのできない台湾人の名義で岡道場と呼ばれた賭場を公然と開帳し、市内で最も多くの賭客を集める。昭和二十一、二年には月に百万円を超える寺銭を上げていたというから、岡道場がいかに莫大な収益を上げる賭場だったかがわかるだろう。船員上がりのダンディーな風貌と度胸を備えた広島駅警備隊長は、やがて周辺の顔役的存在となり、多数の子分を配下に集めた。

その同じ場所を庭場としていたのがテキヤの村上組である。村上組は廃墟となった広島駅前にいち早く闇市を開設し、露店商人のトップに君臨した。同じ場所を活動拠点とする岡組と村上組は数々の抗争事件を引き起こしていく。

昭和二十四年に発布された団体等規正令により解散を命じられた両組織は、下条弥惣右衛門や清岡吉五郎らの仲裁もあってその後しばらく沈黙したが、昭和二十七年の講和条約発効とともにいち早く組織を再編。再び衝突を繰り返していった。本稿の論旨から外れるため概略にとどめるが、昭和二十七年十一月から二十九年一月までの間に二十件以上の殺傷事件が勃発したほどで、宿命的な対立は留まるところを知らなかった。

呉はどうだったか。

この地のヤクザ抗争は、広島と異なり博徒組織間の対立が引き起こしたものである。もちろん、戦後呉にも闇市が出現し、テキヤ組織も存在した。だが、呉の博徒組織はそれぞれ荷役作業を請け負い、また早くから土木事業などにも参入したため、賭場の上がりである寺銭以上に潤沢で安定した資金源を確保することができた。博徒組織とテキヤ組織の勢力差は著しく、博徒組織は豊富な資金源を背景に急激な組織拡大を成し遂げたのである。

呉の復興は阿賀地区から始まった。阿賀を本拠とする戦前からの博徒組織が土岡組である。

土岡組は渡辺長次郎の流れを汲む名門組織で、土岡吉雄を筆頭に、実弟の土岡博、正三の三兄弟が実権を握っていた。

配下には殺人鬼と恐れられた「悪魔のキューピー」こと大西政寛、そして「最後の博徒」こと波谷守之ら。阿賀の復興事業が活発化するにつれ、阿賀港に集まる博徒や不良を吸収して勢力を拡大し、「東の土岡か西の籠寅（現合田一家）」といわれるほどに勢力を拡大した。

対する海生組・山村組・小原組の三派連合の最大勢力であり、連合の盟主となった海生組は、広島ガス阿賀工場などの荷役業務を請け負う港湾ヤクザである。海生逸一はのちに土木業にまで進出するが、戦後は実弟に広島ガスの権利を譲り、呉の興行界に進出したのち、多数の映画館や興行場を支配下に収め呉の興行界のドンとして君臨した。土岡組とは戦前から荷役業務の権利を巡って、しばしば対立抗争を繰り返す。

山村組は戦後に結成された新興組織である。山村組組長の山村辰雄は明治三十六年に呉市で生まれ、大正十一年に十八歳で地元の博徒小早川の配下として渡世入りした。その後大阪に上り浪速造船所で職工として働くが空襲が激しくなり郷里の呉市に戻る。

海生逸一はこの山村辰雄に目を付け、仲介人を通じて資金援助を行い、山村組は昭和二十一年十月、土木請負業「山村組」として正式に発足した。美能幸三の手記に基づいて書かれた『仁義なき戦い』（飯干晃一著）には、「昭和二十一年三月に組をこしらえた」とあるが、どちらにしても、設立当時は組織基盤は脆弱だった。構成員は山村組八人衆と呼ばれた佐々木哲彦（若頭）、山本信二、大段茂、野間範男、鼻万三、新居勝巳、樋上実らの他わずかな人数で、あの『仁義なき戦い』の美能幸三も、山村組の喧嘩における助太刀で一人を殺害したのち、山村組組員となった。

『仁義なき戦い』中において、佐々木哲彦が美能幸三に対して、山村組発足と自らの若頭就任の経緯をこう語っている。

「――ワシがおやじ（山村辰雄）を知ったのはよ、兵隊から戻ってからじゃ。ブラブラしとったら、ある日よ、Aの妹と会うたんじゃ。これがよ、――うちのがやっとる仕事を手伝うてくれんかて言うんじゃ。行ってみたら進駐軍の材木運搬よ。Aの妹がうちと言うんが、おやじだったんじゃ。そのころおやじはよ、Aの妹といっしょじゃった。それから間なしよ、おやじはAの妹と別れ、いまの姐さん（山村邦香）とよりを戻した。前におやじは、いまの姐さんのとこへ養子に行って、平野姓を名乗り、平野辰雄いうていよったんじゃ。（中略）それでま、ええ具合に行くかのおもうとったら、事務所の女を突ついたり、阿賀町のウドン屋の娘を突ついてみたり、そうこうしよったら、問題の浅田の姐とできた。

この姐の叔父になるんが、谷岡千代松さんよ。いっしょになる言うもんじゃけん、谷岡さんにしてみりゃで、おやじは自分の姪の婿になることになろうが。たいそう力をいれたわけじゃ。谷岡さんがワシを呼ばれて言われたんじゃ。——一つ、あんたぁ若者頭になってやってくれんか言うて。それで、ま、ワシはなったんじゃ」

山村組長と子分の関係は、設立当初から一般的なヤクザ社会の親子関係と比較して非常に希薄なものだったことがわかる。佐々木は山村組長に心服したわけではなく、山村組長に肩入れする第三者からの要請で山村組若頭に就任した。

組織内の親分―子分という建前上の上下関係以上に、佐々木の力に裏付けられた発言力は、当初から山村組長を凌駕しており、この二人の力関係が終始山村組にまとわりついた内部震動の大きな要因となった。また、山村組は実質的には海生組の一組織であり、海生逸一を頂点と考えれば、山村組長も佐々木もともに臣下であることには変わりはない。

「山村さんは、海生の親分の前ではいつも直立不動だった。たとえ電話でも、山村さんはぴしっと立って受話器を取ったし、受話器の向こうの海生の親分に対して何度もお辞儀をするほどだった」(元海生派の組員)

山村組長の頭越しに通達される海生の命令も、佐々木の山村組長に対する軽視を増長させた大きな原因である。

山村組は進駐軍関係の用材や旧帝国海軍の未使用弾薬の処理を荻野一の瀬戸内海運の下で請け負い財力を蓄積していくが、おおざっぱにいえば、これら事業面のシノギは山村組長のテリトリーで、縄張り拡張がもたらす裏社会の利権は、佐々木の支配下に置かれていた。極論すれば、山村組には二人の組長が存在した。

他人の神輿は担げない

小原馨もまた、山村組と同じく戦後派の新興ヤクザである。同様に組織にも海生の影響が非常に色濃い。だが、小原組は小原馨のカリスマ性が組織基盤となっており、命令系統も小原馨に一元化されている。シノギも博奕を主としたもので、山村組に比較すると、よりヤクザの原種に近いといっていいだろう。

広島抗争について書かれた文献には、新興組織ゆえに彼とその組織である小原組を愚連隊のような色合いで描いたものが多いが、ヤクザとしての渡世入りに関しても広島一の博徒の渡辺長次郎から盃を受けており、また小原組のシノギは前述のように当初から長期にわたり博奕が主流だったから、分類すれば歴とした博徒になろう。また、広島の渡辺長次郎の舎弟・天本菊美ら顔役たちとの交流も盛んで、小原の自宅では呉を訪れた天本の姿がよく見かけられた。その他の老舗博徒一家との交流も盛んだったという証言もある。

昭和四十六年に広島県警察組織暴力団特別取締本部が編集した『暴力許すまじ』は小原組を以下のように位置づけている。

「初代組長小原馨は広島の渡辺長次郎の身内となってやくざ稼業に入った。戦争の末期から郷里の阿賀町に帰って広工廠の不良工員や街の不良を集めて賭博を開帳、着々と顔を売りだした。戦後は土岡組勢力の間隙を狙い、海生逸一の資金援助を受けながら青年親分として組を作って地盤の拡張を図った。土岡組親分土岡博が山村組組員に射殺（昭和二十七年六月）されるに及び小原組は、土岡組崩壊をよそに阿賀、広町から竹原方面にまで進出、独壇場の勢力を築いていった。そして呉の佐々木哲彦、広島鯉城会親分打越信夫と兄弟盃をして、組織の強化につとめたのである」

小原馨は少年時代からよく不良仲間を率いて、喧嘩を目的に街を練り歩いていたという。ヤクザになろうなどという意識はなかったが、そのうちに自然とグループを形成するようになった。

若い頃から態度も話し方もひどく大人びており、独立心が強く、人の風下に立つことを好まない性格だった。そのため、当時から小原の配下には年上の人間が多く、グループで最年少が小原自身ということも珍しくなかったという。

「鶏口となるも牛後となるなかれという部分はあったじゃろうね。おやじはの、強い相手ほど燃えるんよ。まあ、病気じゃろうね。どんな相手にも絶対になびかんかったから、少年時代のおやじは融通の利かない人間として阿賀の不良の間で有名だった」（小原組設立当時のメンバー）

喧嘩で得る実利よりも、自己中心的な力の拡大そのものに喜びを見いだすタイプで、もちろん権力志向は強いが、反面「喧嘩に強い」という単純な名声を手に入れれば、他のことにはあっさりしていた。人間関係での優位性や名誉欲に価値観を置く小原の態度は、青年期特有の青さや純粋さを刺激する。不良少年の間で大きな求心力を生んだのは、ある意味で当然だろう。

また、力で相手をねじ伏せようとする人間に対する反発心の強さと、それに伴う喧嘩の強さは、力を信奉する不良の世界では絶対的なリーダーの条件だ。小原にはそのどちらの力も人一倍備わっていた。必然的に小原のグループは、その後わずかな時間で呉の一大勢力となった。

その後小原の目は、自然にヤクザ社会へと向けられるようになる。力での人心掌握に目覚めた小原にとって、ヤクザの世界は最も魅力あるものだった。ヤクザ社会への入門を熱望し、広島の渡辺長次郎の下へと出向いた。

だが、不良の世界の名声に反して、小原はヤクザ社会では典型的な不適格者だった。小原には性格上、組織の頂点である親分以外に身を置く場がない。他人の神輿《みこし》を担ぐのはまっぴらなのだ。

徹底した封建社会であるヤクザの世界において下積み修業は必須である。その過程を乗り越えて初めて、渡世のスタートラインに立つことができるといっていい。自分の目的のため面従腹背を貫くことができれば別だが、小原にはそんな器用さもない。ヤクザ社会の伝統的な立身出世の手法——下積み修業になじめない小原には、既存の博徒やテキヤのような組織性はどうにも息が詰まってしまう。人の風下につくのを徹底的に嫌悪する性格が致命的な欠点となった。

また、彼には自分自身を客観的に捉える能力があったから、なにより自分自身について悲観的観測を痛感してしまう。

(俺はヤクザにはなれない)

小原は呉に舞い戻った。

だが、戦争は裏社会の秩序をぶちこわし、乱世の風が巻き起こった。時代は彼に味方したのである。

戦争が始まり呉の海軍工廠へ徴用されると、小原は自分の才を遺憾なく発揮し、瞬く間に工員のボスとなった。大勢の不良工員が彼の配下となり、仕事が終わると仲間を集め博奕場を開く。本格的な博奕ではなかったが、娯楽の少ない時世とあって繁盛したという。

敗戦後、小原はただちに海軍工廠時代の仲間を糾合し新生・小原組を結成する。運良く海生と出会い、小原は最初から親分としてヤクザ社会のスタートを切った。

彼は時代が生んだヤクザであり、その生き方は戦後の混乱期特有のものである。現在のヤクザ社会で、いきなり独立組織の当代として名乗りを上げることは到底不可能で、渡世入りから一貫して独立組織の長――親分であった人間など、どこを探しても見つけることはできないだろう。

病院での密談

阿賀の小原組はわずか数人で発足した小さい組織だったが、ヤクザ社会は極端な弱肉強食の世界であり、手をこまねいていればあっという間に蹂躙される。また、平和路線が徹底した現代のヤクザ社会と違い、この時代は建前抜きの生存競争を生き延びなければならない。

この状況で小原が選んだ針路の基本はまさにハイリスク・ハイリターンの組織運営だった。簡単にいえば、小原組を恒常的に抗争の中に置くということで、もちろん、ヤクザ社会での地位を確立する最短ルートではあるが、危険も多い。特に呉の抗争はそれが局地的なものであっても、その背景には海生・山村・小原の三派連合vs.土岡組の構図が存在しており、抗争の最前線とは、小組織である小原組にとって敗北が即組織解体を意味するような危険地帯でもある。

だが、もし勝ち続ければ、新興組織にとってこれほどの利益はない。縄張りから得る利権はもちろん、なにより過激・暴力派のイメージを得ることができる。もし、そのイメージが定着すれば、あとは威嚇だけで充分な効果を生むし、以後実際に暴力を行使する機会は激減するだろう。もちろん瞬発的な暴力だけではイメージの固定化には不充分で、だから小原組はその黎明期、常に抗争での最前線に身を置いた。

すでにヤクザ社会で一応の権力を手にしていた海生逸一は、抗争でのリスク回避のため危険を引き受ける代理の戦闘部隊を必要としており、小原とは完全に利害が一致していた。両者の関係を、海生が一方的に小原組を利用したと取るのは大きな誤りだろう。

土岡組と海生組の対立は激化し、海生は山村組、小原組に資金を援助しながら、土岡組を挟撃する。

海生は自ら呉ヤクザの制御盤を握るため、傘下組織の徹底的な力の均衡を図った。突出した力はいつか自分に牙を剝く。それはどのような手段を行使しても阻止しなければならない。

組織力のバランスを保つために縦横無尽に盃を巡らしたのは、その分かりやすい一例だ。以後、盃外交はヤクザ社会全体に蔓延したが、海生は早くからその効力を認め、積極的に盃を執り行った。義理という人間の感情を使って、組織の動きにブレーキをかける。海生は人間の心理を深く理解していた。

山村組を海生組の旗本大名に育てあげる過程では、まず最初に佐々木哲彦に対して山村の子という枷《かせ》をはめた。佐々木は自他ともに認める呉ヤクザの実力者だから、それは同時に山村組長に対する牽制としても機能する。その上で傘下の有力組織の間にさまざまな糸を張った。

小原組小原馨初代と佐々木の兄弟盃も、もちろん例外ではない。戦後すぐの頃で、仰々しい盃こそ交わされなかったが、見届け人となった海生の下で兄弟分の盃が交わされた。対土岡組抗争においての山村組と小原組との組織連携は、この兄弟分の縁が海生の意思を行き渡らせる血管となる。

海生の組織した三派連合は、最前線に近い順から、小原、山村、海生と布陣した。だが、土岡組から見れば、小原組は戦後生まれの小さな組織であり、当初は歯牙にもかけなかったというのが本当のところだろう。

だが、人員も資金力も土岡組の足元にも及ばぬ小さな組織であるが、小原組は海生組の援助を受け意気軒昂であり、同じ阿賀を本拠としているなにかと目障りな存在であることは間違いない。さなぎは羽化する前に駆除してしまえば、労力も少ない。先制攻撃は土岡組から仕掛けた。昭和二十一年八月十四日、盆踊りの夜のことだった。

「土岡組親分土岡正三、幹部大西政寛らは小原組親分小原馨を裏の畑に連れ出し、大西は日本刀で左腕の付け根からバッサリ一太刀で切り落とした。さらに急を知って駆けつけた小原の舎弟磯本隆行を待ち伏せ、四方から取り囲んで同人の右腕を切り落としたのである」(『暴力許すまじ』)

この土岡組の攻撃はあくまで威嚇であり、そこには「たかが小原組」という老舗組織のプライドが露骨ににじんでいる。だが、小原馨に威嚇が通じないとすれば、彼らの行為はもちろん成功とはいえないばかりか、完全な失敗である。

ヤクザは驚くほど生死に対する諦めが早い。相手を殺害した方がはるかに事後処理がスムースで、中途半端な攻撃は怨恨を深め、抗争は沈静化したかに見えても必ず再び火の手が上がる。我々の常識から見る「殺人」とヤクザ社会の中のそれでは、大きく意味合いが違っており、もしこの時点で小原馨が殺害されていれば、その後の抗争における犠牲者は、あるいは激減したかもしれない。

この襲撃を指揮した土岡正三は、のちに配下の波谷守之から土岡博殺害への報復に協力を求められ、それを拒絶する。以後ヤクザ社会と決別するが、正三はもともと混乱期のヤクザとしての資質に欠けていた。実際、波谷によるこの報復行動が、結果的に土岡組の崩壊の原因に繋がっていくのである。

親分を襲撃された小原組は、ただちに全員が病院に集結した。切断された左腕は接合不可能で、小原馨は切断面の縫合手術を受けた。手術は短時間で終了した。

小原は組員が集まった時にはすでに落ち着いた面もちでベッドの上に座っており、組員たちに、「大西にやられた」と言ったものの、報復の意思を匂わせる言葉はなかった。それればかりか、舎弟たちに土岡組に対する手出し無用の通達をする。

「ええか、わかったな」

ベッドの横には兄弟分の佐々木哲彦の姿があった。無言でうつむいたままだが、その目は怪しく光っている。

わずかな側近を残し、小原組組員たちが帰ったあと、二人は密談を交わした。病院を出た佐々木は、翌朝、海生の自宅に向かった。供を連れず、一人だった。

海生サイドが取った策は、土岡配下の実力者である「悪魔のキューピー」こと大西政寛を懐柔しての土岡組への揺さぶりである。通達はトップダウンで三派連合にもたらされた。そのために、左腕を切り落とされた小原馨には泣いてもらうしかない。また、そうすることで大西に大きな恩を売ることができる。

また、前述の小原襲撃事件は「悪魔のキューピー」と呼ばれた大西政寛の凶暴性を示す事例としてよく引用されるが、大西にも小原の生命を奪う意思はまったくなかった。急を聞いて駆けつけた小原の舎弟の磯本を切るつもりもなく、何度も逃げてくれと目配せした。だが、磯本も親分を見捨てて逃げるわけにはいかないから、大西は仕方なく磯本の右腕も切り落とす羽目になった。彼が他人の殺害に至るまでの判断基準は常識を超え極端だが、そこに至る理屈はあくまで納得のいくもので、大西は決して狂気の人間ではない。彼を制御することは不可能ではないのである。

だが、大西には致命的な欠点があった。『仁義なき戦い』中にもそれを髣髴《ほうふつ》とさせる言葉が掲出されている。

「もし警官がきたら、かまわん、撃ち殺せ！」

彼は刑務所への服役を病的に嫌悪し、たとえ絶体絶命の状況であっても逃走を試み、服役を拒む。また、この言葉どおり、相手がたとえ警官であってもそのためには躊躇《ちゅうちょ》なく引き金を引くだろう。

ヤクザの幹部が犯罪的行為を行うときは充分に計算し、万が一失敗したときのために法律的な制裁の身代わりまで用意するが、大西にはそれもできない。感情を自分でしっかり制御できないから、ただの暴れ者と変わらない。

一見不可能に見える悪魔と呼ばれた男のコントロールは可能ではあるが、その体内には爆弾が埋め込まれている。

大西に土岡博を殺害させ、あとは自滅させる。それがベストのシナリオだった。ヤクザの喧嘩とは、命を張った大芝居である。

大西の懐柔は世故に長《た》けた山村組長が担当した。小原は沈黙し、佐々木は周辺を監視する。山村組長は佐々木から、大西が土岡正三と賭場の上がりの配分の件で揉めていることを聞くと、すぐさま大西との接触を開始した。心の隙にうまくつけ込んでいくのは、山村組長の最大の才だった。

姐さんのカエシ

片腕を失った小原は、退院後すぐに普段の生活へと戻った。だが、小原組の中でたった一人、それに納得せず、大西と土岡の殺害を計画した者がいた。小原馨の内妻である清水光子である。

小原馨が殺害されたあとは、女親分として小原組の組長代行となった女傑で、とにかく剛毅で思い込んだら止まらない。

(大西は必ず殺してやる)

彼女は固く誓っていた。

だが、道でばったり出会うならともかく、女である自分が大西政寛や土岡正三に会う可能性は低い。乗り込んでも、おそらく女の力では簡単にねじ伏せられるだろう。彼女は考えた末に、ある結論に達した。確実に殺すには、通常あり得ない状況のなかで大西に銃を向ければいい。そう、隙を突くのだ。

「ねぇ、あんた。私も賭場に連れていって」

ある日、彼女は夫の小原馨にそう言った。

もちろん懐には拳銃を忍ばせている。コルト四五口径、一撃必殺の大型拳銃である。光子は小原のあとに付いて賭場に出かけた。もちろん、大西と出会うまで、それを続けるつもりである。

ところが、光子は運良く初日の賭場への往路で、大西政寛に出会った。小原馨は海生の意を汲み、左腕の怨みは表面上は水に流している。正式な手打ちも済んだ。大西と小原が挨拶しようとにこやかに歩み寄る。

光子は傍らで、じっと地面の影を見つめていた。真夏のような日差しが照りつけていて、着流しにハットを被《かぶ》った大西のくっきりした影が、揺らめきながら少しずつ近づいてくる。影が自分からおよそ一メートル余りになった瞬間、光子はためらわず拳銃を抜いた。

素早く大西の被っていた白いハットを拳銃ではねた。ハットは宙を舞い、ひらひらと蝶のように舞いながら、地面に落下していった。

その瞬間には、すでに大西の眉間に銃口が突きつけられていた。大西も小原も想像さえしなかったあまりに突然の出来事に呆然自失となり、凍りついたまま動くことができない。

「われ、往生せい！」

女とは思えないドスの利いた声だった。引き金に人さし指が掛かる。

だが、その声に自分を取り戻した小原馨は、

「われ、なにさらすんじゃ！」

と光子の顔面を殴りつけ、素早く光子を押さえつける。抵抗する光子にさらに小原の拳が炸裂し、小原はやっとの思いで光子の右手を摑んだ。銃身を摑みながら激しくその手を上下に振った。

「この馬鹿たれ！」

血みどろの顔面を何度も殴打し、やっとの思いで拳銃を取り上げた。

「あいつ（光子）が啖呵を切らず、すぐに引き金を引いていたら間に合わなかった」

光子を引きずりながら帰宅した小原馨は、忌々しそうに部屋住みの若い衆に対して言ったという。

ヤクザは女性を愛しきものとして尊重するが、男と対等の人間とは考えない。だから映画『極道の妻たち』のようなことは実際にはあり得ないことで、極道の妻にもさまざまなタイプがいるが、彼女のような行動をする女性は例外中の例外である。光子の気性

の荒さを示すエピソードは枚挙にいとまがなく、その大半は並大抵の男では尻込みしてしまうほど激しいもので、おそらくヤクザに精通している人間ほど、にわかには信じられないかもしれない。だが、彼女のような存在も呉ヤクザの独自性の一端であり、小原組の姐である清水光子は、戦後の混乱期が生んだ人間の一人だった。

戦後すぐの頃、進駐軍の不良狩りで小原馨が検挙されたことがあるという。治安維持のためMPが片っ端からリストにあるヤクザ、愚連隊、不良たちを逮捕した。小原はその中でも要注意人物の筆頭で、進駐軍からは「抵抗したら射殺してもかまわない」と通達が出ていたほどだから、捕まるだけで済んだのはある意味で運が良かった。

ところが、小原が収監されて間もなくの頃、親分不在の小原組に一通の果たし状が届く。

竹原にある博奕打ちの一家で、賭場開帳の縄張り争いが原因だった。子分たちが思案していると光子がやってきて、

「お前ら、親分の顔に泥塗る気かい！　お前らが行かんのじゃったら、わし一人でも行っちゃる！」

と叫んだ。

結局小原組組員たちは光子を先頭に果たし状にある指定の場所へと出かけていった。相手は警察に密告しその場に来なかったが、もちろん光子以下全員が日本刀を所持しており、

「姐さんは本気で相手を刺し殺すつもりじゃろう」

と誰もが思っていた。

実際に、光子は人を刺したこともある。相手は小原馨の愛人だった。嫉妬心の強かった光子は、小原馨が留守がちなことから本能的に二号の存在を探り当てた。彼女の家に乗り込んで襖を開け、寝ている女に馬乗りになり、首の中心をめがけて躊躇なく包丁を振り下ろした。女はすんでの所で体をかわしたが、包丁は首をかすめ、噴水のように血が噴き出した。後年小原馨は、

「わしはなにも怖ろしいものはないが、あのくされアマだけは怖ろしい」

と配下の組員に漏らしたという。

激しい行動の反面、才気と生きる力に溢れており、また破天荒で突拍子もないが、その行動の裏には自分の役割に対する責任感があった。こんなエピソードがある。

「たくさんの若い衆がおるじゃろう、おやじがいない間、『わたしがみんなを養わんといけん』いうて一生懸命じゃった。

と、いうても恐喝よ。進駐軍の物資を安く買って、日本人に高く売る闇師らを集めては、品物を取り上げたり、金とったりしよった。姐さんの専門は火箸でね。それを相手の目の前に差し出しちゃ『どうするんない、なに持ってくるんかい』いうて恐喝しとった」（小原組組員）

その結果、光子は恐喝容疑で逮捕されることになるが、保釈中に逃走し、小原組の事務所に戻った、その後もしばらくの間、闇師相手の恐喝は続いたという。

光子はヤクザの女房としては度胸があり、機転も利いたから、あえて点数を付ければ間違いなく合格点といえるだろう。親分の権威を我がものと勘違いして、若い衆を小間使い扱いする姐さんよりは、間違いなく点数が高い。

佐々木は何かにつけて小原の家を訪れた。小原の組員とも懇意で、ともに映画を見たり、食事をしたりという仲だったし、時には小原組の人間が佐々木の家に泊まりに行くこともあった。

佐々木の妻であるみか子は、清水光子とは全く違うおとなしい才媛で、兄弟分の若い衆に小遣いをやったりと、よく気もまわった。小原と佐々木の間に入り、楽しそうに笑う彼女の声がよく聞こえてきた。彼女は小原と佐々木の間のぎこちなさを取り除く潤滑油だった。口数の少ない小原も彼女の前ではよく話をした。

海生・山村・小原の三派連合の間にもそれぞれの思惑がある。

海生は自らの手を汚さず山村と小原に土岡組を挟撃させる腹積もりだが、山村組は抗争のリスクをできる限り少なくしたかった。その点に関しては山村組長も佐々木も同じ思いである。抗争の矢面には、あくまで小原組に立ってもらわなければならない。金銭面での消耗ならかまわないが、呉では喧嘩を受け持つ組織の親分は高い確率で死ぬ。

山村組の戦闘指揮官である佐々木は、抗争が激しくなればなるほど危険度が増し、相手にとっては格好の攻撃目標となるだろう。狙われれば、防御することは難しく、生き死には時の運に委ねるしかない。

それを避けるため、佐々木はあらゆる側面から小原に尽くした。

土岡襲撃と大西暗殺

小原組は、海生組傘下のさまざまな勢力を吸収し、その勢力を伸ばしていった。その中には同じ海生一派の勢力も含まれる。海生組の最大勢力の一つが桑原秀夫率いる桑原組だった。

桑原は海生が戦時中に起こした喧嘩の際に、軍隊を抜け出し駆けつけた忠義心を認められ、海生の資金援助の下で勢力を築き上げた。だが、終戦後はヤクザ社会から足を洗い、市会議員になっていた。小原馨にとっては兄貴分に当たる。

ところが、「お前たちはヤクザじゃけん、もうウチに出入りしてくれるな」と言うばかりか、海生の頭越しに市会議員の座を利用して利権をむさぼりはじめた。

小原馨は、自らが矢面に立つタイプの人間である。海生一派内部の問題を傍観することができない。意を決して桑原の家に乗り込んだ。

「なんじゃわれ。誰にもの言っとんじゃ」

そう桑原から言われても、ひたすら辛抱してヤクザの筋を説いた。小原にとってはあくまで兄貴分である。

「兄貴、兄貴がこうなれたのも、海生の親分のおかげじゃろ」

「だまれ！」

激高した桑原は脇にあった刀を抜き、小原の頭上めがけて振り下ろした。だが、長身の刀は部屋の鴨居を切りつけ、桑原は小原の頭突きをくらいその場に昏倒する。

しばらくうめいていたが、立ち上がると再びがむしゃらに刀を振り回し、刃は小原の体を何度も切りつけた。着物が破れ、血がにじんだが、桑原の刀が小原の急所を突き刺すことはなかった。

「おやじ！」

ただならぬ雰囲気に階段を駆け上がってきた小原組組員がその中に割って入った。小原の体を支えると、桑原はその隙をついて逃げ出した。

「この外道、おい、あとを追え」

「やめろ！　ほっておかんかい」

小原は少しよろめいたが、意識はしっかりしていた。

「おやじ、病院に行きましょう」

「馬鹿たれ、医者なんか行けるか」

とりあえず傷の手当てのため桑原の家を出たが、手当ての途中で小原はもう一度桑原に会いに行くと言う。言い出したらきかないことは子分たちは熟知していた。頭の傷に焼酎で消毒を施し、包帯を鉢巻きのように巻いて桑原の自宅へ向かった。

途中、通りの向こうから、童顔の美しい青年がやってきた。天地館での興行の警備に当たっていた大西政寛である。血だらけの小原を見つけると、一目散に駆け寄り、「大丈夫か」と聞く。

事の経緯を舎弟から聞いた大西は、小原の目を見つめ、「わしも行くけん」と申し出る。小原の片腕を切り落とした一件についての借りを返すつもりだったのかもしれない。

一行はゆっくりと歩き出した。

桑原はすでに自宅に戻っていた。しかし、玄関にも裏口にも中からしっかりと鍵がかかっている。蹴飛ばしても開かない。

路上から何度か呼びかけると、桑原がやっと窓から顔を出した。不気味な笑いを浮かべ、顔がひきつっていた。手には米軍の手榴弾を握っている。

「どうした、上がってこいや。上がってきたらこれで皆殺しじゃ」

安全ピンに手を掛けながら桑原が言った。

皆は咄嗟に伏せたが、小原馨だけはそのまま桑原をにらみつけ、

「投げいや、死ぬんならおんどれも一緒じゃ。投げい！」

と挑発するような言葉を吐く。逆に桑原が、しばらくの間凍りついたように動けなくなった。

するど、突然、裏口の戸がガラリと開いた。舎弟の小早川が鍵を壊したのである。玄関口には桑原の子分が日本刀を手に立っていたが、小早川の気迫に飲まれて動けない。二階に上がるやいなや、小早川は声と障子に映る影を頼りに、四尺五分の日本刀を渾身の力を込め差し込んだ。

「ぐぇ」

という声とともに、障子が倒れた。小原も大西も階段を駆け上がってくる。

(もう助からん)

ほとんど即死の状態だった。

死と隣り合わせた瞬間にともに居合わせると、人間の親密度は急激に深まる。大西はもはや、心情的には土岡組の人間ではなかった。

ほどなくして山村組長は大西の陥落に成功した。土岡組から離反した大西は、山村組長とともに土岡博の殺害を謀議する。実行犯として白羽の矢が立ったのは山村組の美能幸三である。計画は着々と進んでいた。

大西愛用の三二口径モーゼル拳銃を手渡された美能幸三は、昭和二十四年九月二十七日、広島市猿猴橋の路上で土岡博と河面清志を襲撃する。病院に運ばれた土岡博は意識不明の重体となったが、命は取りとめた。失敗だった。海生サイドは再びあらゆる手段で大西をたきつけるが、大西は恩義ある土岡殺害に自分自身が手を下すことをためらい続ける。ここでもやはり失敗だった。黒い意思はもはや大西に見切りをつけた。

大西は昭和二十五年、些細な喧嘩から人夫の後頭部を撃ち抜き、逃亡先で警官に包囲され、警部一人を射殺したうえ、自らも銃弾を受け死亡した。

佐々木の陰謀

極度の緊張状態に置かれている土岡組と小原組の間では毎日のように小競り合いが繰り返されていた。土岡組の実質的な親分である土岡博は賭博罪で収監されており、娑婆の人間には手出しができないから、そのはけ口は個人的な暴力行為などの反社会的行動へと繋がり、両組織間の喧嘩が激増した。

そんな情勢のなか、阿賀の祭りの夜に小原組門広と土岡組沖田秀数が些細なことから口論となった。お互い血気盛んで、日頃の怨みもあるから、周りを巻き込んで、もはや一触即発である。

佐々木哲彦はこの騒ぎを聞きつけると、ただちに現場に急行した。小原馨を交え、土岡組幹部との話し合いが持たれた。

その場で話し合いはついたが、佐々木は持ってきたアメリカ製の四五口径の拳銃を「念のため持っちょけ」と門に渡すと、夜のうちに自宅に戻った。

土岡と小原の事務所は、線路を挟んではいるが、歩いて約十五分ほどの距離にあった。地理的にも小原組は対土岡組戦の最前線に位置しているわけだ。予断は許さない。

門が事務所に帰り就寝の用意をしていると、無言のまま表の戸をドンドン叩きつける音が聞こえてくる。

阿賀の小原組事務所の近くには精神病院があって、そこからの逃亡者が多かったから、門は最初は、また病院から脱走してきた入院患者かと思った。念のため佐々木から渡された拳銃を手に勝手口から表へ回ると、沖田秀数が女を連れて玄関のドアを蹴飛ばしている。

「われ、なんじゃい」

門は沖田の背後から声を掛けた。

振り向いた沖田の顔は怒りに支配され、目は憎悪に燃えていた。門の姿を認めると、

「おどれ！」と切りかかってくる。門はためらわず拳銃の引き金を引いた。

一発目は沖田の胸を貫き、血飛沫が舞い散ったが、沖田は銃弾をものともせず、歩みを止めない。二刃をかわし、門は二発目を撃った。銃弾は臀部から沖田の体内に入り、内臓をかき混ぜながら下腹部を貫通した。

側の女は恐怖のあまり悲鳴すら上げられないでいる。ひくひくと体を震わせていた。

門はぴくりとも動かなくなった沖田に歩み寄り死亡を確認すると、小原の事務所には入らず、近くの交番に足を向けた。

「わし、今、人殺したけ」

「嘘言え！」

「そこで人が死んでるけ、ちょっと調べてこいや。わし、ここで待ってるけ」

いっこうに取り合おうとしない警官に、門は面倒くさくなってしまった。

「ほいじゃあ、わし帰るわ」

と言い、交番を出た。

た。
二、三分後、MPのサイレンが聞こえ、先ほどの警官が息を切らせながら走ってきた。
「お前、本当に人を殺したんか」

「だからそう言うたじゃろう」

門は収監された。この突発的な事故をきっかけに、土岡組と小原組は、ついに臨界点を突破する。

土岡組はただちに小原馨の襲撃計画を練った。もちろん今度は威嚇ではない。どんな戦争であっても、先制攻撃を仕掛けた方が有利である。呉のヤクザたちは本格的な抗争になると、そのターゲットに必ず親分を選ぶ。

土岡組の標的である小原馨は娑婆にいるが、小原組の標的である土岡博は刑務所の中である。狙撃目標を捕捉する難易度からいえば、土岡組が有利だった。

火の手はやはり土岡組から上がった。

呉市広町の路上で、土岡組山本盛親が小原馨と実弟の光男を襲撃する。

銃弾は光男をかすめるにとどまったが、激怒した小原組は土岡組の事務所に乗り込み拳銃を乱射、居合わせた幹部の河面清志を狙撃した。

だが、いくら拳銃を乱射したといっても、こんなことでは報復にならない。親分の小原馨が狙撃されたことで、小原組はヤクザ社会から立派に認められる土岡博襲撃の大義名分ができた。小原組は土岡博が収監されている広島刑務所の塀の中での暗殺を謀ったが、成功の可能性は薄いだろう。

小原組の報復隊は、服役中の門と緻密に連絡を取り合いながら、出所した広島刑務所の門前で土岡博を殺害する計画を進行させる。土岡の出所のおよそ四ヵ月前のことである。

（待っちょれ、必ず殺してやる）

小原組はじっと息を潜めていた。

この計画の実行部隊は小原組だが、後詰めの部隊は佐々木だった。佐々木は小原組と土岡組が全面戦争に突入し、小躍りせんばかりに喜んだ。もしかすると、突発的な事故にすぎない門と沖田の喧嘩に拳銃を持って駆けつけたのも、佐々木の策略だったのかもしれない。佐々木は兄弟分を表に押し出しながら、その陰で着実に力を蓄えていた。

抗争には莫大な金がかかる。組織的な消耗を覚悟しなければ喧嘩はできない。武器の調達に始まり、刑務所に下獄した組員の面倒など、その金額は莫大である。ヤクザの抗争はそのまま縄張りの伸張、利益の拡大をもたらすから、もし勝利すれば投資した金額を回収することができる。だが、もし抗争を傍観し、その後に得られる利益だけを得ることができれば、これほど都合の良いことはない。佐々木は漁夫の利を狙った。その意図は、兄弟分という美辞麗句に巧妙に覆い隠され、周囲の人間は全く気づかなかった。

小原組による土岡博襲撃計画は完璧だった。あとは土岡博の出所を待つばかりである。だが、その計画は思いもよらぬ方面からの圧力によって頓挫する。土岡博が出所する間近になって、不穏な空気を察知した広島の岡組組長岡敏夫から、

「広島の路上でやってもらっては困る」

と物言いがついたのである。

もし広島で撃ち漏らせば、呉でトドメを刺すという取り決めで、小原と佐々木は組員を動かしていたから、この土壇場では両者の役割を入れ替えることは難しい。潜伏場所には、すでにそれぞれの刺客が潜んでおり、その後の逃走経路、出所の日時、全てが決定され、あとは土岡の出所を待つだけになっている。

「どうするんない」

小原の問いに対して佐々木は渋々、「いや、そういうことなら、うちでやるよ」と答

えたという。

土岡博襲撃計画の実行部隊はあくまで小原組だったが、岡の言葉で後詰めの佐々木が実行部隊を担当することになった。

『仁義なき戦い』の中で、山村組の山村辰雄組長は臆病でさまざまな陰謀を巡らす策士として描かれるが、佐々木こそ山村組長の思惑の忠実な実行者であり、もちろんそこには佐々木自身の思惑も潜んでいた。佐々木が小原に対して取った手法は、佐々木の意図が最もわかりやすい事例の一つで、実に利に聡《さと》く、また巧妙である。

山村組に突然降ってきた災難に、佐々木は山村組長にこう囁いた。

「山村組がやることになったが、なにも心配はいらんです」

佐々木の取った行動は以下の通りだ。

佐々木は実行犯には自分の子飼いの若い衆ではなく、まだあどけなさの抜けない若者に白羽の矢を立てた。さんざん歓待し、おだて上げ、山村組長のもとへ連れていった。

「しっかりな」

山村組長は人心掌握術に長けている。若者は感動した。

「山村さんから直接言葉を掛けてもらった」

と喜ぶ純真さを巧みに利用して、佐々木は彼を土岡殺害へと向かわせていく。もちろん何度も何度も執拗に、「これはあくまでお前の意思じゃけん」と言い含める。

昭和二十七年六月二十六日、当日は朝から激しい雨が降っており、傘を差したまま玄関を足早に出てきた土岡博は、視界不良と雨音のため刺客に気づかなかった。刺客は銃口を土岡博の体に密着させ、引き金を引いた。即死である。

何日か市内に潜伏する予定だったが、密告により刺客は逮捕された。厳しい取り調べにも、頑として口を割らなかった。

だが、もちろん刺客は使い捨てのコマに過ぎない。出所後、冷遇された彼は、「街で会っても、二度と話しかけないでくれ」と吐き捨て、ヤクザの社会から去っていく。のちに波谷守之が彼のもとを訪れたが、固く玄関の扉を閉ざし、波谷の情理を尽くした言葉にも決して扉を開けようとはしなかったという。

刺客逮捕のきっかけとなった密告者に対し、今度は小原組から必殺の刺客が放たれた。だが、その小原組組員はまたも殺害の動きを察知した警察により包囲されてしまう。この逮捕劇の最中、一人の若い警官が殉職している。

小原の義理堅さ

山村組、そして若頭の佐々木哲彦は小原組を楯としながら着実に勢力を伸ばしていった。朝鮮戦争では米軍の弾薬荷役で大儲けし、財力は他を圧倒していた。宿敵の土岡組は実質的な親分土岡博の死により、衰退の一途を辿るだろう。たとえ乾《けん》坤一擲《こんいってき》の反撃があっても、彼らの銃口が向けられるのは小原組である。山村組、そして佐々木哲彦にとって、これほど合理的な策はなかった。

小原馨は自らが貧乏くじを引き続けたことに気づかなかったのか？

おそらく、小原組の旗揚げ以来、意図的に損な役目を引き受けてきた小原は、危険に対する感覚が麻痺してしまったのではないか。修羅場を何度もくぐり抜けると、根拠のない自信が人間を支配する。

また、小原馨は青年親分といっていいほど若い。兄弟分の佐々木も同年代の実力者だが、家長と陪臣とではまったく立場が違う。佐々木は小原のプライドをうまくくすぐりながら、その陰に回った。対外的な貫目はもちろん、当人同士の間でも佐々木が一歩引いて小原を立てたはずで、その義理で小原は追い込まれた。抗争を重ねることで地位を確立した小原は、もはや抗争から身を引くことができなくなっている。

土岡博殺害後、新興組織の首領である小原馨は、呉に確固たる地盤を築いたが、いまだに自分の命を担保にした危険な賭けをし続けるほかなかった。

小原馨の人柄に関しては、幸い設立当時からのメンバーである故・共政会最高顧問小原一家門広総長の証言が残っている。

「激しい人だったですよ。昔からアクの方で有名じゃった。姐もおやじに負けんくらいきかなかったから、よう喧嘩しとった。どこでもかまわず始めるから、いつも見ないふりしとったわ。

腕を切られてからも、おやじは全然変わらなかった。器用な人じゃから、外でうまいモンを食うと家で真似してつくっとった。片腕じゃからわしらが手伝うんじゃけど、『大丈夫ですか』聞いた若い衆に『この馬鹿たれ、誰が可愛い若い衆の腕切るかい』言うとったのを覚えちょる。喧嘩に負けてくるなとはいつも言うとったが、あんまりうるさいことは言わんかったように思う。

炊事係が留守の時に臨時の若い衆が出汁《だし》を取らずに味噌汁をつくったんじゃが、『なんじゃ、これ、おいしないわ』言うた舎弟に、『なにお前、おいしいやないか馬鹿たれ。食べるもんのことぴいぴい言うな』と怒ったりした。優しいところもあった。えっとあったわ」

小原は進駐軍が引き揚げたのち、仕事に困った闇師を自宅で世話したり、他の博徒一家の先輩を金銭的に援助したりといった義理堅い一面を持っていたという。

また、ある日近所の老婆から、「小原さん、親分というものは、風呂屋と床屋には必ず心づけを置くものですよ」と言われ、それ以降、銭湯と散髪屋、そして飲食店では必ずチップを置くようになった。単なる見栄や虚栄というよりも、戦後、徒手空拳から組織を築き上げた小原馨にとっての理想的な親分像を象徴した行為で、小原馨には新興組織ゆえの引け目と青年らしさがさまざまな面で結実している。

敗戦下の絶望と敗北の状態は、小遣い銭に困って援助交際という名の売春に走る程度の貧乏とは違う。さまざまな屈辱を嘗め、同じ境遇の家族や友人を持ち、個人的にどう見ても貧困を打ち破る見通しが持てないようななかで、彼は暴力を行使し立身出世を試みた。彼は我々の常識の外に存在するヤクザだが、現代ヤクザに比較して、明確な理由に基づく彼の行動は容易に理解することができる。

小原の夢は、ウナギ釣り、飛行機に搭乗すること、自家用車の所持だったという。

山村組に比べればはるかに脆弱な経済基盤だが、土岡組なきあと、博奕をはじめとしてパチンコの景品買い、用心棒、全国的に流行したヒロポン密売など、呉の裏社会の利権は山村組と小原組によって折半され、小原馨はその夢を叶えることになった。

生け贄

土岡組なきあと、佐々木の前に立ちふさがる最大の敵は、山村組の内部に生息していた。他派閥の粛清を成し遂げ、じっくりと外堀を埋めてしまえば、神輿は一人では動けない。担ぎ手を一掃すれば、山村組長を放逐するのは簡単だ。佐々木は露骨な手段で反対勢力の粛清に心血を注ぐ。

山村組の持つ利権は、次第に佐々木が独占する形になりつつある。会社ゴロ、港湾ゴロ、不良興行、地面師、手配師、手形のパクリ、飲食店経営、パチンコの景品買い、銃器の販売、売春婦の管理、エロショー、エロ映画を含む各種興行など、そのほとんどを佐々木が手中に収めた。

戦後生まれの新しいシノギに、ヒロポンをはじめとした麻薬・覚せい剤の売買がある。佐々木は当初、薬の売買には手を染めなかった。当初は、ヒロポンが薬局で手軽に購入できたこともあって、あまりうまみがなかったからだ。

このヒロポン市場の拡大とともに勢力を伸ばしてきたのが、今田泰麿である。

「首領今田泰麿は、安芸郡矢野町の素封家の生まれというが、学生時代から情熱のはけ口を悪に傾け、級友を誘って不良団を結成し学生親分と言われたという。そのうち山村組八人衆のひとり新居勝巳の舎弟分となって勢力を伸ばすようになった。資金源をヒロポン（覚せい剤）の密売買に求め、大阪方面から仕入れて呉方面から対岸の四国地方にまでその販路を伸ばし、財源を蓄えるとともに不良を集めて勢力は日増しに伸張するに至った。そして土岡組の幹部波谷守之と兄弟分となり、土岡組の残党と今田一味が結集して、けん銃やカービン銃まで手に入れて『邪魔者は消せ』とアメリカ西部の無法者気取りで青年やくざとして頭を持ち上げていった。山村組若頭佐々木哲彦とヒロポンの密売のカスリなどをめぐって反目するようになった」（『暴力許すまじ』）

新しい裏社会のシノギはそれを背景とした新興勢力の台頭を生み、山村組内部に派閥の対立が生まれた。

主流派というべき佐々木哲彦が考える以上に今田泰麿には勢いがあった。佐々木に利権・権力が集中すれば、当然それを面白くないと思う人間も現れる。古参の組員は佐々木に対抗心を燃やし、今田の勢いに乗じてさまざまなアドバイスを行う。

今田は佐々木に対抗するため、旧土岡組勢力に接近した。反佐々木哲彦という点で利害が一致する存在であり、土岡博殺害の報復に燃える波谷守之の一派は土岡組残党の最過激派でもある。新しいシノギを背景とした新興勢力の台頭は、佐々木哲彦とその他大勢といってよかった山村組内部に派閥の対立を生んだ。

だが、佐々木哲彦の権力はすでに頭抜けており、実際は佐々木の挑発に乗った今田が、佐々木に操られていたと見るべきだろう。最小限度のリスクで最大限の効力を生むことが佐々木の信条である。彼は今田の動きにじっくりと対応した。

まず、山村組長と口裏を合わせ、

「ヒロポンは世の中のためにならない」

という大義名分を掲げて、今田のヒロポン売買に圧力をかけた。縄張り内で売買の現場を見つければ恫喝し、ヒロポンを取り上げる。もちろん、押収したヒロポンは自分たちの手で売買することはいうまでもない。

佐々木の圧力に対し、今田は既存の利権の分配を要求した。ヒロポンの売買をやめる代わりにパチンコや飲食店などの一部をこちらに渡せという今田の言い分を、佐々木は

当然のように無視する。それればかりか、

「今後、俺の縄張りである呉の中通りを歩くな」

と言い放った。完全な挑発で、佐々木は今田がキレるのを待っている。今田はまんまとこの誘いに乗った。彼は子分を連れて中通りを練り歩いた。

日本の軍隊には上官の命令は天皇陛下の命令だと思え、という決まり文句があったが、ヤクザ社会の組織体系は軍隊と酷似しており、上からの通達には絶対の重みがある。もちろん、その通達や命令があまりにも筋から外れていればともかく、佐々木は自分の利益を巧みにヤクザの筋に置き換え、まず舌戦で今田を追いつめた。

ヤクザの抗争の目的は縄張りや利益の獲得ではあるが、その開戦には筋と呼ばれる独特の定理に基づいた名分が必要で、闇雲に相手を攻撃すれば斯界の非難に晒される。だから、たとえ建前であっても、確固たる攻撃の理由が必要で、内部抗争であればそれはなおさらである。

佐々木はそれを上官への命令違反に求めた。徳川家康が方広寺の鐘に彫られた「国家安康」「君臣豊楽」の八文字を、家康を呪い豊臣を礼賛するものだとこじつけて大坂方を討伐したように、佐々木には今田派の討伐に対する理由づけが必要だった。

だが、佐々木はこれだけではまだ弱いと考えた。ヤクザ社会には現代でも封建社会と同じ仇討ちの論理が色濃く残っており、たとえば、殺された仲間の報復は、大方の場合無条件で善行と認められる素地がある。佐々木は慎重にスケープゴートを選び出す。

鉄砲玉と呼ばれる感情抑制の利かない人間を相手の本拠地に送り込み、故意にもめ事を起こさせる手法は、縄張り拡張をめざすヤクザ抗争の常套手段である。相手が激怒して、鉄砲玉を殺してくれれば万々歳で、それを口実に単なる個人の喧嘩を組織的な抗争にまで発展させる。佐々木はこの手法に目を付けた。山平辰巳は格好の鉄砲玉だった。

山平辰巳は美能幸三の舎弟であるが、美能が獄中にあることから、佐々木哲彦の客分としてヒロポン密売に乗り出し、大きな利益を上げていた。向こう見ずな性格だが反面、上の人間たちから可愛がられるところがあり、美能は獄中から「山平をよろしく頼む」と佐々木に要請した。だが、佐々木は美能の要望を拒否する。獄中からの懇願に、「山平の面倒は見んど」とすげなく断った。

(あいつは俺の大事な生《い》け贄《にえ》よ)

山平は昭和二十九年七月三十日、呉市海岸通り七丁目の街角で射殺された。全ては筋書きどおりだ。

佐々木はすぐさま山村組長に働きかけ、今回の殺害を理由に今田泰麿とその子分たちを破門処分にした。これで奴ら全員を蜂の巣にしても、筋は佐々木の側にある。今田は袋の鼠だった。

だが、窮鼠猫を噛むの喩《たと》え通り、今田は一発逆転を期し、佐々木と盟友の小原馨の殺害を計画した。佐々木を殺し、その葬式に現れた小原をその場で射殺する。ルーレット上にはシノギの利益ではなく、もはや互いの命が賭かっている。仁義もなにもなかった。

佐々木は配下を総動員し今田の捕捉を試みる。警察も呉を覆った不穏な空気を察知し、厳重な警戒態勢を敷いた。今田は連合相手となった土岡残党の松本年春に小原殺害を依頼し、自らは黒装束に身を包んで、佐々木の姿を求め捜して夜の街に消えた。

昭和二十九年八月十六日の深夜、三人の佐々木組組員を拉致した今田は執拗に佐々木の居場所を追及するが、隙を見て逃走される。逃げ遅れた吉兼悟は再び今田に捕らえられ、体を縛られたうえ、呉港から四キロメートル沖合の下黒島に連行された。

縛り上げられ銃の的にされながら、朝の八時まで執拗な尋問は続けられたが、ついに今田は吉兼を土下座させ頭にカービン銃を撃ち込み殺害する。

「今田は残酷で、サディストみたいな一面があった」（元佐々木派）
その後今田は海路で四国方面に逃走したが、警戒が厳しく岡山へと目的地を変えた。だが、笠岡駅で捜査員に発見され、逃げ込んだ伯備線の車内で検挙された。
抗争は今田の逮捕で一応の結末を見たが、燃え上がった火の手は、いまだくすぶり続けている。

女親分の啖呵

小原馨は身だしなみにはことのほか気を使っていた。多いときには週に一度は散髪屋に行くほどで、服装もおしゃれだったという。

普段から外出時には数人の警護がつくが、理髪店は近所のこともあり、ほとんどの場合一人で出かけていた。刺客となった土岡組の松本年春はそのことに目を付けた。

小原馨殺害は小原組組員との個人的なトラブルと今田一派との関わりが動機だといわれている。しかし、その背景にはもちろん土岡博の仇討ちという観念があっただろう。

松本年春は土岡組唯一の主戦派だった波谷守之の舎弟で、根性者として評判だった。今田逮捕の約二週間後、彼は打ち合わせどおりに小原馨殺害を実行する。

理髪店に小原が入ったのを確認すると、しばらく時間をおいて松本は店のドアを開けた。店主に向かって、「どけい！」と怒鳴りつけたあと、即座に仰向けになっていた小原馨の体めがけ四発の銃弾を発射する。座椅子のスプリングが体を跳ね上げ、血溜まりの中で小原は絶命した。享年二十九歳。

内妻の清水光子は、動かなくなった小原の体にすがりつき、

「あんた、起きんさいや！　ねえ、起きんさいや」

と号泣した。葬儀の日、小原組の若い衆が拳銃を懐に警戒するなか、いつまでも棺に取りすがって泣いた。

だが、数日が過ぎ、やっと落ち着いた光子は一人病院に出かけた。

（必ず敵をとっちゃる）

自分が先頭になって小原馨の仇討ちをする。そのためには女の自分が小原組の親分になる必要があった。光子は卵巣を手術して、捨てたのである。

「卵巣を取っても、子宮が残っとるから男にはなれん」

戸惑う医者に対し、光子は手術を強硬に求めた。

「かまわん言うとろうが。わしゃぁ男になるんじゃ」

手術は敢行された。

小原組の敵はどこにいるのだろう。

小原馨を殺害した松本年春が波谷守之の舎弟で、波谷は今田の吉兼殺しの一件で拘留されている。出頭の際に松本に付き添ったのが波谷の実父である波谷吾一だったことから、光子は殺害の黒幕を波谷吾一と断定し、殺害の準備を進めた。

「波谷さんのお父さんという理由でやったんじゃないよ。もし、素っ堅気だったらもちろん襲撃したりせん。吾一さんは昔ヤクザじゃったけん、自分の息子をいい顔にするために吾一さんがうちのおやじを撃たせたんじゃ、そう姐はとっとったけんね。そやけ、波谷が中はいっとる（拘禁されている）んやったら、吾一さんが黒幕じゃけ、いうて狙ったんです」（当時の小原組幹部）

実行犯には松本年春といざこざを起こし、小原馨殺害の一因を作った平尾一三が選ばれた。だが、小原組の中で波谷吾一の顔を知る者は少なく、平尾も直接の面識はなかった。実行はひとまず先送りされた。

だが、殺害計画が練り上がった日の午後、たまたま波谷吾一を知る人間が小原組組員と阿賀町を歩いていると、身の丈六尺余りもあろうかという男とすれ違った。

「でかいのう」

「あれが波谷吾一じゃ」

きびすを返し後をつけると、大男は碁会所に入った。波谷吾一捕捉の一報はただちに平尾一三にもたらされた。

碁会所に面した道路の反対側の家には煉瓦作りの塀があり、平尾は監視役の山田とともにその上に座って待ち伏せた。だが、波谷吾一はいっこうに出てくる気配がない。

長い時間が経過しても銃声が聞こえないため、小原組から斥候が送られた。現場に到着すると、平尾は塀に座り、じっと碁会所の玄関を眺めている。

「どうしたんない」

「出んのじゃ」

しびれを切らした平尾は目を血走らせながら碁会所のドアを開けたが、そこに波谷吾一の姿はなかった。波谷吾一は二階で碁に興じていた。

小原組事務所に戻り、女親分である清水光子に襲撃の失敗を告げると、彼女は激怒した。

「われ、やる気ないんかい。お前らが行かんのじゃったら、わしが行っちゃる！」

組員総がかりでそれを押しとどめ、後日、再び平尾が案内役を連れて碁会所に出かけた。

そして昭和二十九年十月五日深夜、平尾は碁会所から出てきた波谷吾一を、阿賀町昭和橋で射殺した。

警察は、以前から親分を殺害された小原組が必ず報復に乗り出すと予測し、その動向を監視していた。波谷吾一が殺害されると、数名の刑事がただちに小原組事務所に急行した。阿賀の小原組事務所はひっそりと静まり返っている。

刑事は用心しながら玄関を叩いた。一階の仏間に寝ていた組員が扉を開ける。

「波谷吾一がのう」

探るような目つきで、警官は言った。

「波谷のゴンやんかい。どうしたんない」

「今、殺された」

「ほうや」

仏間の奥からシュミーズ一枚の清水光子が眠そうに目をこすりながら現れる。

「どうしたんない」

「姐さん、波谷吾一が殺されたいうて警察がきとる」

「えっ、なにしたんかい」

その時のあまりに自然な光子の態度に、警察は小原組をシロと断定。そのまま帰っていった。その後も捜査線上に何度も小原組の名が上がったが、この日の光子の態度が状況判断を狂わせ、捜査は難航した。

だが、微罪で検挙された末端組員が、捜査員の誘導尋問により犯行を自供。平尾一三と、犯行に使用された銃を隠匿していた小原馨の実弟が逮捕された。

組長排斥

宿敵だった土岡組が崩壊し、盟友だった小原が殺されたのち、佐々木は胸の奥底にしまい込んでいた野心を露《あらわ》に行動を開始した。憎体《にくてい》な梃子《てこ》でも動かぬ面構えは、いまやいっそうの凄みを加えている。

山村組若頭・佐々木哲彦は、当時の呉を知るヤクザの誰もが「生きていたら広島の地図が変わった」というほど突出した力を持っていた。確かに暴力性、組織力、経済力のどれをとっても、当時の呉では佐々木の右に出る者はいない。佐々木に関する同様の証言は、呉の至るところで聞くことができる。

佐々木は山村組長の下で次第に力を付け、ライバルとの競争に勝ち抜いた結果、比類なき力を持つに至った。だが、それはあくまで途中経過における評価であり、広島の地図を塗り替えた、という意見には異を唱えたい。佐々木には広島統一は無理である。なぜなら、彼の基本姿勢は、自己勢力の温存と組員の使い捨てだったからだ。それは以下の一件で明らかである。

佐々木哲彦は更なる追い討ちをかけるべく、盛んに裏工作に動いていた。目的は今田派に与《くみ》した山村組幹部の抹殺である。

客分の山平辰巳殺害の報復を名目に、山手の配下である向井平八郎と佐々木の子分である元中敏之（のち俠道会会長代行・殺害され死亡）をして新居勝巳の殺害へと向かわせた。

二人は昭和二十九年十一月二十八日夕刻、呉市朝日町の遊園地で新居をめった刺しにして殺害するが、大阪に逃亡した元中は殺害を指示した佐々木の元へしきりに連絡をよこし、逃亡資金の調達を要請する。佐々木は元中からの電話を取る度に顔を曇らせ、こう言った。

「うるさいのう」

それればかりか、もう用は済んだとばかり元中殺害の計画を進めようとする。側近も今度ばかりはさすがに反対した。計画は中止された。

佐々木こそ呉で最も危険な梟雄《きょうゆう》なのだ。

昭和三十三年春、短期刑の服役を終え娑婆に戻った佐々木は、ついに最後の邪魔者の排除に乗り出した。常に陰から陰へと身を寄せていたが、もはや楯は必要ない。暗がりを歩くのはもう終わりである。佐々木は白日の下に姿を晒した。

配下を使い捨てにしたのと同様、山村組長はもう用済みだった。殺してもいいが、曲がりなりにもおやじだし、まあ、山村組長には引退してもらえばいいだろう。

対する山村組長も、佐々木の暗殺を計画し、さまざまな手を講じて対抗するが、この段階では焼け石に水である。時の流れは佐々木の側にあった。

山村組長は山村組の古参幹部である野間範男を巻き込むが、その空気を察した佐々木は躊躇なく野間を殺害した。野間殺害の理由など、どうにでもなった。野間は賭場に生きる博徒で権力闘争には無関心だったが、山村組長の身代わりとなったのである。

佐々木は広島の岡敏夫の後押しを得て、ついに本丸も占拠した。昭和三十四年六月、山村組長は心ならずも引退。山村組は解散した。

亡き盟友の組まで乗っ取る

呉の完全制圧はあと一歩である。盟友小原馨の小原組を制圧すれば、これでチェックメイトだった。

佐々木にとって、小原組の実質的な占拠は今までに比較して容易に思えた。なにしろ自分は初代の兄弟分であり、小原組組員にとっては叔父貴分に当たる。更に都合のよいことに、小原組は故・小原馨の女房である清水光子が跡目となった。もちろん、暫定的な措置で、女では正式な組長にはなれないから、あとは自分の傀儡《かいらい》を小原組組長に据えればいい。佐々木の頭の中では、小原組はすでに自分に隷属する組織である。

佐々木は自分が経営する遊廓に小原組の組員を招集し、二代目組長人事を発表した。

「岡崎義之を小原組二代目とする」

岡崎は佐々木哲彦の若頭である一原信夫と兄弟分であり、佐々木はかねてから岡崎を援助している。佐々木の言葉は叔父貴分の助言の範疇を超え、あからさまな内政干渉だった。もし岡崎が二代目を継承すれば、小原組は佐々木の下部組織とみなされるだろう。そうすれば、佐々木はおそらく、小原組が数々の犠牲のもとに築き上げた暴力イメージを最大限に利用し、そして小原組を使い捨てにする。

「ちょっと待っちょくれ」

佐々木の言葉に異を唱えたのが門広である。

「なぜあんたが小原の跡目を決めるんじゃ。これはわしらの問題で、あんたは関係なかろう」

だが、門の言葉は虚しく静寂の中に吸い込まれていった。呉の覇者となった佐々木に対して異論を唱える者は、小原組の中でも門の一派以外にいないのである。激高した門は、「筋違いじゃのう」と言い残し、遊廓から立ち去った。

門は初代の実弟の光男を推したが、もちろん、その意見は黙殺されてしまう。佐々木にとって門の反発はある程度予想されたものだったが、わずか数名の反発などいってみれば蚊に刺されたようなもので、佐々木の判断にわずかの影響も与えなかった。小原組の跡目は、岡崎義之と決定し、後日襲名披露の日取りが取り決められた。

ヤクザは社会の秩序からはみ出したところで生活する集団である。社会から疎外された環境が生み出す連帯感は強力で、団結は固い。

だが、連帯感が強力なだけに既定事項を覆すことは一般社会以上に困難で、それができるのは絶対的な支配者である親分だけだ。また、明日の境遇が予測できない生活は本能的に強者を見抜いてしまうから、不利益を被るとなればなおさらで、門の意見は完全に忘れ去られた。

門に追従するのは明らかにメリットがなかった。相手は呉の覇者・佐々木哲彦である。百害あって一利なしの状況に自ら飛び込んでいく人間などいない。小原組の大勢が佐々木の意を汲み岡崎擁立に動いたのは、小原組の当面の存続を考えれば当然である。

「警察の資料では、佐々木との対立はわしが小原の二代目の座が欲しかったから、となっちょる。そう見る人間も多いじゃろう。じゃが、わしは跡目なんて欲しくなかった。わしは神輿を担ぐことが好きじゃけん。わしらが話し合って納得した人間ならなんの問題もない、岡崎でもよかったわ。

じゃが、なぜそれをよその人間が決めにゃぁいけんの。それは断じて許せん。ヤクザの筋にはそんなことはないわ」

門は後年雑誌のインタビューでこう語った。門の言葉を額面どおり受け取るか、それともやはり門に二代目襲名の野望があったと見るか、それは読み手の判断に委ねるが、どちらにしても佐々木に異を唱えた門の行動は、ヤクザ社会では異端である。

筋や義に殉ずるという理想は、ヤクザ社会で最も尊重されるが、もちろん一般社会と同じくそれを実践できる人間など、ごくわずかの例外を除いていない。現実における筋とは、ヤクザ社会でも、やはり力なのだ。

門の一派は孤立した。四面楚歌の状況のなか、うかつには身動きがとれない。たとえ佐々木の意向によってではあっても、門以外の小原組の幹部が岡崎擁立を納得している以上、それに弓を引くことは反逆行為である。

ところが、小原兄弟の下から二番目の弟である利博が、岡崎の自宅に金の無心に行って断られ、その腹いせに障子を日本刀で突き刺しながら、

「二代目は門さんじゃ。お前なんてその器じゃないわ」

と捨て台詞を吐いたことから、事態は急激に動き始めた。

過信が招いた末路

「利博の後ろには糸を引いてる人間がおるんじゃけ、そいつを殺れ」

と佐々木は岡崎に空気を入れる。

昭和三十四年七月十四日、岡崎の二代目襲名式の前日、門は呉市広町の路上で岡崎の配下により銃撃された。

門の体に撃ち込まれた弾丸は急所を外れて貫通し、門は一命を取りとめた。犯行を広警察の刑事が目撃していたため、実行犯はすぐさま捕らえられたが、門は県立広病院に運ばれ手術を受けた。

立ったまま手術を受けた門は、意識を失うこともなくそのまま入院したが、襲撃当日に思わぬ客が病室を訪れた。

佐々木哲彦が元中敏之を連れ、なに食わぬ顔で病室に入ってきた。門と視線を合わせず、

「助かってよかったのう」と言う。

「佐々木がそう言ったとき、なにげなく元中の顔が目に入ったんじゃが、盛んにまばた

きをしてこちらに合図を送っとった。佐々木が絵を描いたと確信したわ」

実行犯の脇は岡崎の舎弟であり、門一派からただちに平本義幸が刺客として放たれている。だが、平本は拳銃の取り扱いに不慣れだったため、その襲撃は失敗に終わった。

退院後、門は見舞いの礼に出かけた。二十日余りの入院となったため見舞いに訪れた人間が多く、御礼回りは何日かに分けて行われたが、佐々木のもとに出向いたのは初日の午後だった。

「元気になったんか。傷はもうええんか?」

佐々木は門の顔を見ると、中途半端な笑顔を浮かべながらそう言った。門の心はとうに決まっている。

「体の傷は治っても心の傷は一生直らんわ」

宣戦布告だった。

佐々木は門に対する自分の威嚇が、充分な効果を上げたと確信していた。小原組の設立以来、なにかにつけ小原組を訪れ、門との付き合いは古い。一緒に飯を食い、よく遊びに出かけた。門の胸に彫られた生首の刺青は佐々木が彫ったものだ。佐々木は少し驚きながら、

「門よう、奥歯にものが挟まったような言い方はすなや」

と言葉を返す。だが、佐々木は自分の力を過信していた。佐々木と門では、象と蟻ほどの勢力差がある。この時点においても、まさか門が自分を襲撃するとは夢にも思わなかった。

呉のヤクザにとって、佐々木と門の確執は天から降ってきたような幸運である。化け物のように膨張した佐々木の力には、誰も手出しができない。佐々木がその気配を察知すれば、完膚なきまで叩き潰されてしまうだろう。

だが、あの小原組の向こう見ずな若者なら、あるいは佐々木をやるかもしれない。全ての敵を排除し、呉を我が手に収めた佐々木は、排除された人間の憎悪を一身に受けている。佐々木を消したいと願う人間は多かった。だが、誰にもできないだけなのだ。

だから門が佐々木に銃撃されてから、密かに助勢を申し出る人間が後を絶たない。佐々木によって引退させられた山村組長をはじめ、佐々木の勢力拡張の過程で迫害を受けた人間たちにとって、門は突然現れた救世主的な存在なのである。こぞって門前に馬を連ねた。

だが、門は申し出を快く受けながらも、あくまで自分の配下の手で佐々木を殺害するつもりである。ヤクザの喧嘩は他人の力など当てにできない。それが門がヤクザとして生きた過程で学びとった真理だった。たとえ佐々木のお膝元から裏切りがあっても、確実に自分の手で佐々木を葬らなくてはいけない。頭に血が上った自分を周囲が利用していることは重々承知していた。だが、これはヤクザとして生きる自分のメンツの問題である。

門は主要な役割の全てを自分の配下で固めた。助太刀はあくまで監視や逃亡先の調達に限られていた。もちろん「わしにもやらせてくれ」と威勢のいい人間も多かったが、彼らには万が一小原組の襲撃犯が撃ち漏らしたときの後詰めを依頼した。

門の予想は不幸にも的中する。

決行当日、実際に加勢に訪れたのは防府の田中会だけだった。

門は実際に自分が引き金を引くつもりだったが、二人の若者がその役目を買って出た。一人はこの喧嘩の発端となった門襲撃の報復に失敗した平本義幸で、もう一人が三宅譲である。

平本は実直な性格で、前回の拳銃の操作ミスによる汚名返上の機会を熱望している。三宅は火の玉のような性格だが、修羅場の中でも冷静沈着な状況判断と決断力を失わない小原組随一の喧嘩師で、彼に恐喝されたヤクザは数知れない。

二人とも、叔父貴である佐々木の顔は熟知している。門は二人に運命を託した。

佐々木に関する情報は、引退した山村組長に付き従った山村組古参幹部の樋上実のもとから逐一報告された。

昭和三十四年十月七日、佐々木哲彦は翌日予定されていたマヒナスターズ公演の準備を終え、呉市中通りのレストランで食事を済ませたのち、近くのビリヤード場に入った。襲撃班は小原組が中通りで経営する麻雀店で待機していたが、一報がもたらされるとすぐさま現場に向かう。

約一時間後、佐々木はビリヤード場の階段をゆっくりと下りてきた。三宅と平本の姿を見つけ手招きをする。

三宅はゆっくりと佐々木に近づき、

「こんにちは」

と頭を下げた。だが、平本は前回の失敗が頭をよぎり、突然ビリヤード場の真正面にあるデパートのトイレに駆け込んだ。拳銃を取りだし、何度も確認した。

平本が現場に戻ると、佐々木と三宅が談笑していた。ちょうど佐々木がポケットから煙草を出し、口にくわえた時だった。三宅が体をかがめてマッチを擦った。

その瞬間、平本の拳銃が火を噴き、銃弾は三宅の肩をかすめながら、佐々木を撃ち抜いた。あっけない死だった。

門は現場の近くで銃声を聞き、佐々木殺害を確信すると、タクシーで小原組事務所に戻った。

佐々木が死んだとはいえ、その勢力はそのまま残されている。門は当初から佐々木襲撃そのものよりも、その後の対応に頭を痛めていた。若頭の一原をはじめ、佐々木の一派がすぐさま報復にやってくるはずだ。ヤクザは市民社会に生息している。同じ地域で抗争が勃発すれば、ヤクザ同士が同じ地域に生きる住民である以上、ヒット・アンド・アウェイというわけにはいかない。相手を叩いたあと、どう動くかが問題である。

すでに小原組事務所の玄関先には警官隊が押し寄せていた。門は縄ばしごを使って裏口から出かけた。事後処理のためである。

大方の連絡先へ根回しの電話を済ますと、最後に門は暗記していた佐々木の事務所の電話番号をダイヤルする。

「もしもし、わしは佐々木さんに世話になっとる者ですが、小原組がそちらに向かっているらしいです。道具も持っちょります。気をつけて下さい」

受話器の向こうでは、門が予想していた以上に狼狽している。

(どうせ失うのは命だけじゃ)

門は運を天に任せた。

だが、予想された報復は一つもなく、佐々木の一派はあっという間に雲散霧消した。

彼の死後、若頭の一原をはじめほとんどの組員が、わずかの小原組組員に対して白旗を上げた。佐々木の配下は人員を温存し強大な勢力を誇っていたにもかかわらず、である。戦わない兵は弱い。喧嘩を他人に任せていた佐々木の配下は、全面抗争というヤクザ組織最大のピンチに対応できなくなっていた。そして、財をなし生活が豊かになれば、自ら懲役に行こうなどという組員はいなくなる。

後日、山村組長は再び表舞台に返り咲いた。のちに広島の岡組勢力を糾合し、この戦いは県下に及ぶ大抗争へと発展していく。

「仁義なき戦い」で隠されたもの

戦後、呉におけるヤクザ抗争が苛烈を極めた理由は三つある。

一つは、呉の街としての成り立ちが非常に特殊だったことである。呉は海軍という絶対的な支配者によっていびつに歪められた特殊な街だ。日本の敗戦により、呉には戦時中に集められた膨大な軍需物資が不完全な施設に山積みされた状態で残され、全国各地から復員くずれ、チンピラ、詐欺師、窃盗団、愚連隊などが集まり、無法の街と化した。

ヤクザは世の中の歪みを反映して発生した存在で、歪み方がいびつな分、呉のヤクザ社会は日本のどの地域と比較しても激しく胎動した。その動きが日本ヤクザ史上最も激しい広島抗争として具現化する。

二つ目の理由は呉ヤクザ独特のプライドと美意識にある。

ヤクザは虚栄の存在であり、その最たるものは自分の生命に対する軽視だ。地域にかかわらずヤクザ全般にいえることだが、特に呉のヤクザには死を軽くみる虚栄が骨の髄まで染み通り、その血肉を形成している。彼らにとってヤクザ社会に属する人間の命は——自分も他人も同程度であるが——非常に軽い。

また組織的に上に行けば行くほど自分の命に執着しないことが必須だ。抗争の最前線を担う組織において、統率者は常に抗争の正面に立つばかりでなく、自らの虚栄を誇示するため、抗争中にあってもわざと繁華街を練り歩くという考えられない行動をとる。それができない人間は親分として失格とされた。

もちろん対立組織の刺客は躊躇なく殺害を狙うから、当然死ぬ。呉では親分と呼ばれる人間ほど死に近い。

生き残ったヤクザの中にも銃撃された経験を持つ者は多い。彼らは口を揃えて「絶対にいつか自分は殺されると思っていた」と語る。彼らは抗争を勢力拡張の基本に置くヤクザの原種だ。

三つ目の理由は呉のヤクザ社会が海生逸一という顔役にコントロールされ続けたことである。

山村組山村辰雄組長は、『仁義なき戦い』の中で権謀術数の権化のように描かれるが、その大半は海生の意を汲んだもので、彼は海生の意思の実行者に過ぎない。佐々木もまた、海生の手のひらの上を飛び回っていたにすぎない。

海生は莫大な経済力を背景にヤクザを懐柔し、競合させながら突出した力を徹底的に排除した。

『仁義なき戦い』の基になった手記を書いた元美能組美能幸三組長は後年、「海生氏から『わしのことは書かないでくれ』と言われ、その記述を外した」と述べている。それ以上は口を開かないが、確かに『仁義なき戦い』の中で対立の構図がすっきりとしないのは、海生逸一の位置づけを故意に曖昧にしたからだろう。

小原馨は一貫して独立組織の当代として小原組を率い、会社でいえば下請けから着実に組織力を伸ばしていったオーナー社長である。対立組織との抗争には、新興組織のハンディをはねのけるために常に最前線に身を置き、抗争を重ねることで勢力を伸張した。

対する佐々木哲彦は山村組という大会社の最有力幹部として力を蓄え、最後にはその会社を牛耳り乗っ取った人間だ。組織内部の覇権を巡ってさまざまな謀略を駆使し、外敵との抗争を巧みに利用しながらライバルを駆逐する。派閥争いを乗り越え、自分の勢力を可能な限り温存しながら力を蓄えた。

ともに激しい気性で性格に共通点も多い二人だが、その足跡は対照的なものとなった。最も明確な相違点は彼らが殺害された理由に表れている。

小原も佐々木も暴力を最前面に押し出して勢力拡張を進めたため、行動のツケは最終的に自分の命で清算することになった。だが、殺害されたことは同じでも、その経緯と背景は、百八十度違っているといっていい。

自身のリスクを覚悟していた小原の死と、計算違いが招いた佐々木の不測の死は、二人のヤクザとしての色合いを端的に象徴している。

ヤクザは伝統的に国家権力に対して弱腰である。

だが国家の情勢に傍観者を決め込み、たとえば暴対法のような毒杯さえも自ら飲み干してしまうのは、決してヤクザが弱腰だからではなく、体制や権力が結局のところヤクザに対して利益をもたらしてくれる存在だからである。

ヤクザは反社会的な集団ではあるが、常に支配者層から利益を得て生息してきた。

だが、敗戦という特殊な時代は、ヤクザが権力から独立して存在するという極めて例外的な状況を生み出した。それればかりか、無力な国家はこともあろうにヤクザの力を頼った。発生以来初めて、ヤクザは一瞬ではあっても、権力との歴史的な相互扶助の上位に自分を置くことができたのである。呉は街の特殊性もあって、その傾向がいっそう顕著だった。

だからこの時代のヤクザは、権力のために暴力と仁義のダブルスタンダードを使い分けることもないし、白々しい任侠の仮面も被ろうとはしない。暴力はむき出しで、欲望は赤裸々だ。

だが、丸裸になった人間性ゆえに、この時代のヤクザには比類なき壮絶なドラマが生まれたのである。

「悪魔のキューピー」大西政寛

呉でもっともヤバいヤクザ

予測するのは不可能だった。

この男には危険な匂いがまったくないのだ。腕に覚えのある強者ほど、このトラップにはまる。勝ち目のある人間をターゲットにするのは、喧嘩師の経験則だからである。

いったい何人のチンピラ、愚連隊、ヤクザがこの罠にはまり、踏みつぶされたことか。華奢な体軀にベビーフェイス。声色も優しく、物腰もまた静かだった。笑うとなんともいえない親しみがあって、まるで純粋無垢な子供のようにも見える。だから、なにも知らないチンピラにとっては格好のカモにしか見えない。知らぬが仏とはまさにこのことだ。

「兄ちゃんよう、どこ行くんかのう」

ニヤニヤ笑いながら、坊やを取り囲み声をかけた。その瞬間、穏やかな菩薩が阿修羅へと変わった。

「いまなんて言ったんない」

眉間にしわが寄り、目尻がピクピクと痙攣した。さっきとはまるで別人の形相で、チンピラたちにも動揺が走った。「おやっ」とレーダーが反応する。しかしもう遅い。こうなれば誰もこの男を止めることはできないのだ。

無知は自分の血で贖う。それが暴力社会のルールである。まともな会話を交わす間もなく、チンピラたちは血の海に沈んだ。何事もなかったように阿修羅は菩薩へと戻った。

いつしか、この危険人物は「悪魔のキューピー」と呼ばれるようになった。彼の名は大西政寛。戦後の広島・呉でもっともヤバいと言われたヤクザである。すでにこれまでも何度か触れてきてはいるが、この特異まれなる男について、あえて別項として書くことにする。

暴力を信奉するヤクザ社会では、見るからにヤバい人間はそうヤバくなかったりすることが多い。抗争の際、たった一人で敵の事務所に乗り込んでいくような強者は、きまって普段大人しく物静かな若い衆だ。また暴力的な伝説を持つ親分たちをみても、体格に恵まれた人物はほとんどいない。命を懸けた殺し合いは、決められたルールの中で戦う格闘技とは似て非なるもの。勝負の明暗を分けるのは、腕力ではなく胆力なのである。

無常観と生命の軽視

大西はヤクザになる以前から凶暴だった。

高等小学校では教師を文鎮で殴りつけ、即日退学処分。職人となってからも、多くの暴力事件を起こしている。なかでも十六歳の時に呉市広の食堂で起こした事件は地元の不良たちを震撼させた。軍人と諍いとなった大西は刺身包丁で腹部を刺したのち、相手の耳をそぎ落としてしまうのである。

ヤクザ組織の入社人事は堅気の会社の基準を百八十度ひっくり返したものだ。過去の事件は、それが暴力的であればあるほど輝かしい経歴になる。大西はこの事件であっという間にシード選手となった。ドラフト会議では常に一位指名であり、彼を欲しがる組織はいくらでもあった。

大西を獲得したのは、呉の土岡組である。山陽道の博徒社会では、「西の籠寅（現合田一家）か東の土岡」と言われ、大西が進むには順当な進路といえた。しかし、日本は戦争に突入、大西もまた中国戦線に送られ、大物ルーキーの活躍はしばらくお預けとなった。

戦争はこのルーキーをさらに磨き上げたと言ってよかった。一説によれば、大西が切り捨てた敵兵は二桁を軽く超すと言われる。殺人を正当化する戦場という異常な空間が、大西の凶暴性を加速させたのだ。

処刑も決まって大西の役目だった。嫌な役目を仲間にさせたくないという大西流の思いやりである。

捕虜は迫り来る死を悟り必死に抵抗した。

「ええか、苦しまんよう一発であの世に送ってやるけん」

言葉など分かるはずもないが、大西は必ずそう声をかけ、それを合図に日本刀を振り下ろした。捕虜の首が飛び、大動脈から噴水のように血しぶきが噴出した姿を見て、大西の心に無常観と生命の軽視が生まれていった。殺してもなにも感じない。まさに異常な心理である。

殺戮を繰り返したベトナムの帰還兵が心の病を認められるなら、大西とて同様だった。ただこの時代にはセラピーなどという気の利いた言葉も、トラウマという観念もない。原因は顧みられず、大西は殺人鬼と片づけられただけだ。

復員後、土岡組に戻った大西はその凶暴性を存分に発揮した。他者の命も、そして自分自身の命も鴻毛《こうもう》の軽きとなす。人の命などまるで虫と同じ感覚だから、死にたくなければ逃げるしかなかった。抜けば刺す。構えれば撃つ。そこには駆け引きもブラフもまったくないのである。時に無鉄砲な人間が勝負を挑めば、その度にひどく凶暴なやり方で徹底的に打ち据えた。映画館の警護で行った不良狩りでは、同じ土岡組の人間すらその残忍性に肝を冷やした。

大西が土岡組の前線指揮官となったのは当然だった。当時の呉では、土岡組と小原組・山村組・海生組の三派連合が裏社会の覇権を巡って激しく対立している。中でも小原組は海生組の援助を受け意気軒昂であり、同じ阿賀を本拠として、なにかと目障りな存在だ。さなぎは羽化する前に駆除してしまえば労力も少ない。先制攻撃は大西が仕掛けた。

昭和二十一年八月十四日、盆踊りの夜、「行くど」と叫んだ大西は土岡組の土岡正三親分とともに、祭りの雑踏に飛び出していった。祭りは不良のステージだ。肩で風を切って歩く小原組親分小原馨はすぐに見つかった。裏の畑に連行し威圧するが、小原はそれぐらいでビビる相手ではない。

「馨、観念せいや」

大西は処刑される捕虜に引導を渡すがごとくそうつぶやくと、ためらいなく日本刀を振り下ろした。小原の左腕は根本から切断され、地面で芋虫のようにのたうった。さらに小原の舎弟磯本隆行が急を知って駆け付けると、大西は磯本の右腕を切り落とした。このくらいやらなければ、呉のヤクザ社会では脅しにはならないのである。

狂犬のリスク

小原組に加えられた攻撃に震撼した三派連合は、大西との直接対決を避け、懐柔作戦へと切り替えた。

だが、大西には致命的な欠点があった。

邪魔者は暴力で排除する。まるで誰彼なく噛み付く狂犬と変わらなかった。ヤクザの暴力行為は後の清算を考え十分な計算がなされるが、大西にはそれができない。だから大西はヤクザとしても不適格者であり、正式な組織の人間とするのは大きなリスクが伴うのだ。

三派連合としては、籠絡した大西に土岡博を殺害させ、あとは使い捨てる。それがベストのシナリオだった。やられたらやり返すのがヤクザの論理だが、腕をもぎ取られた小原には沈黙してもらうしかない。

懐柔は世故に長けた山村組山村辰雄組長が担当した。山村組長は大西が土岡正三と賭場の上がりで揉めていることを聞くと、すぐさま接触を開始する。心の隙にうまくつけ込んでいく。他人の女を奪うやり方と同じである。

大西は見事にこの落とし穴にはまった。小原組の内紛を助け、殺人の手助けすら行ったのだから、三派連合は見事な役者だ。死と隣り合わせた瞬間に居合わせると、人間の親密度は急激に深まる。この時点で大西はもはや、心情的には土岡組の人間ではなかったかもしれない。

将を射んとせばまず馬から。山村組長は女房同士を仲良くさせ、それをきっかけに大西の面倒をみるようになった。ほどなくして山村組長は大西の陥落に成功。二人は土岡組長の暗殺を謀議する。実行犯として白羽の矢が立ったのは山村組の美能幸三、言わずと知れた『仁義なき戦い』の主人公である。美能はたった一人の兄貴分に実行犯をやらすわけにはいかないと実行犯を買ってでたのである。

前述のとおり、昭和二十四年九月二十七日、大西愛用の三二口径モーゼル拳銃を手渡された美能幸三は、広島市猿猴橋の路上で土岡博と河面清志を襲撃した。病院に運ばれた土岡博は意識不明の重体となったが命は取り留めた。失敗だが、これ以上大西に関わればなにをしでかすかわからない。三派連合はもはや大西に見切りをつけた。黒い空気が呉に流れた。

昭和二十五年一月四日、妻と一緒に呉の本通りを歩いていた大西は、些細なことから人夫と喧嘩になった。いくつもの指名手配を受けていた自覚からさすがに自制心が働いたが、人夫が大西と名乗ったことで起爆装置のスイッチがはいった。

「わしの名を騙るんかい」

大西は人夫を神社に呼び出し、迷うことなく頭部を撃ち抜いた。たまたま同姓だったことが双方の悲劇だった。

警察は威信を懸けて殺人鬼の捜索に乗り出した。匿名の電話で山村組顧問の岩城義一宅に潜伏しているとの情報をつかみ、大捜査網が敷かれた。一月十八日午前三時、警察は一気に岩城宅に突入、大西の姿を探した。

そのうち一人の警部が盛り上がった布団を見つけた。おそるおそるゆっくり剥いだ。

「死ねや」

静寂に不気味な声が響く。銃口がまばゆい光を放った。さらに引き金を引こうとする大西。逮捕は無理と判断した警察は大西を射殺した。

いったい誰がチンコロしたのか——それは謎ということにしておこう。ただ、その後大西の実母が山村組長と談判し、莫大な金を手にしたことだけは記しておきたい。

「伝説の殺人鬼」山上光治

ヤクザが狂気を見出す男

見るからにヤバい、見た目どおりにヤバい男だった。

血走った目はまるで野獣のそれである。それも血の味を知っている手負いの眼光だ。睨みつけられると誰もがひるんだ。むき出しの狂気が相手を瞬時に凍らせた。

大半の場合、ヤクザ同士の掛け合いはあくまで舌戦であり、言葉の応酬にすぎない。これまでの過去や、全身から発する気迫が、「殺すぞ」という言葉にどれだけのリアリティを持たせられるかの勝負である。だからいくらぶつかり合っても、本気の喧嘩になることは稀なのだ。毎度殺し合いをしていたら、身体がいくつあっても足りないからである。

それはある意味、ヤクザ社会のお約束と言っていい。だが、手負いの野獣に予定調和など無意味なことだった。どんな些細なことでも毎回殺すか殺されるかの勝負になる。掛け合いの理論などまったく通じなかった。

「撃てるもんなら撃ってみいや」

そうヤマを返せば、ヤツは躊躇なくトリガーを引いた。どんな場所でもどんな相手でも、その行動には微塵の変化もないのだ。言葉と引き替えに自分の脳漿《のうしょう》が飛び散ることは確実だから、とてもじゃないが迂闊《うかつ》なことは言えなかった。狂気の人間とまともにぶつかったら、馬鹿をみるだけである。

「何かあったらキレるのではない。ヤツはいつでもキレていた」

古老の見解は的確だったかもしれない。狂気を売り物に一般社会に寄生するヤクザ。そのヤクザに狂っていると言わしめた野獣。それが広島の山上光治である。ついた異名は「殺人鬼」。実際、この男の喧嘩はヤクザと次元の違う場所にあり、不謹慎な言い方だが対立組織の組員をバンバン撃ってバンバン殺した。鬼畜同然の不名誉な称号も、足跡からすれば当然だったのだ。

闇市でのリンチ

性善説を支持するわけではないが、生まれた時から凶暴な人間などいない。山上とて、育った時代と環境が違えば、まったく別の生き方をしていただろう。もちろん仮定の話は不毛である。しかしそう思わざるを得ないほど、山上の人生は不遇だった。今風にトラウマという言葉を使えば、グレる要素も異常性格者になる要因も多分にあった。近頃のガキがなんだかんだと精神的ストレスを理由に人生を投げ出すことを考えれば、山上が殺人鬼になったことなど、ごく当たり前のことである。

最初の殺人は十九歳の時だ。

遊びに出た広島で突発的な喧嘩となり、持っていたナイフで思わず相手を刺してしまうのである。思わず刺した、などという表現はたいそうおかしなものに感じるが、まさに山上にとっては不意の出来事だった。窮鼠猫を噛む。そういった表現がピタリとはまる。だいいち、強い人間はこんな無様な喧嘩のやり方などしない。というより、ヤクザになる人間は根本的に弱いのだ。弱い自覚が集団化を促進させ、暴力の衝動を生む。現在も強い組織は、実を言えば弱い人間が集まっているから強い。これは気の利いた逆説などとは違う。歴とした事実である。たとえば強い人間なら我慢出来ることでも、弱い人間の集団は強烈な復讐心を作り上げる。相手が強い人間なら謝って済むことでも、弱い人間には通じない。それが最終的に組織の力を生む。

後年の「ワシがヤクザになったんは復讐したいヤツがおるからじゃ」という山上の言葉は、彼の鬱積する感情を端的に表している。思考経路としては典型的なコンプレックス型、もっともヤクザらしいパターンだ。

裁判では傷害致死、求刑は二年だった。いくら刑の安かった当時とはいえ、あまりに軽い処分だった。山上に殺意のなかったことは、誰が見ても明らかだったかも知れない。刑務所はたらい回しだったという。広島刑務所を皮切りに、九州や北海道などを転々とした。最終的には函館から仮出獄、そうしてすぐさま徴兵である。鳥取陸軍入隊後、高知で復員。そうして昭和二十年の秋には広島駅の猿猴橋口の闇市に辿り着く。

全国に闇市は数々あれど、広島の闇市は凶悪事件が頻発することで知られていた。その原因はテキヤである村上組と、博徒である岡組が同じ場所で激しく対立していたからだ。両者は本来なら稼業違いであり、テキヤの庭場と博徒の縄張り（どちらも勢力範囲の意）がクロスしていても問題はない。だが、既存の秩序が崩壊したこの時代は、テキヤが賭場を開帳し、博徒が闇市の利権を漁った。力こそ正義で、抗争は必然だったのだ。

ここで山上は洋モク売りを始めた。独自の入手ルートを持っていたようで、商売は繁盛した。しかし、闇市で商売をするためには、地のテキヤに挨拶をするのが鉄則である。もちろん一定の金も落とさねばならない。山上の露店はいわば無許可である。テキヤの身勝手な理論で言えば、明らかな違反者――ショバ荒らしだ。こういった輩を徹底的に痛めつけるのが暴力社会の筋である。もともといわれのない金を勝手な理屈で巻き上げているのだ。例外を認めずシメなければ示しがつかない。村上組は周到に待ち伏せし、徹底的に山上をフクロにした。もちろん一方的なリンチだった。血みどろになった山上は、闇市の路上に這いつくばった。

だがそれでも身体が回復すると再び無断で商売をしたというのだから、よほどの根性者か救いようのない馬鹿のどちらかである。もちろん村上組は再び躍起になって山上を追った。痛い目をみても分からないなら、殺すしかなかった。村上組の戦闘隊長である村上正明らは、山上を捕らえていっそう凄惨なリンチを加えた。

登山用のピッケルで脳天をかち割られたというから、まさに殺す気だった。山上は頭から噴水のように血を吹き出しながら昏倒する。最後の瞬間は近い。人間の死などあっけないものだ。

しかし、そこにトドメを制する声が響いた。主は岡組岡敏夫組長である。岡が山上を助けたのは、単なる気まぐれだったのかもしれない。しかし岡組にとっては、何の苦労もなしに対立する村上組に対しての最終兵器を手にしたも同じだった。岡組は生死の境をさまよっている山上をもらい受け、手厚く介抱した。一時は危篤状態だったというから、息を吹き返したのは奇跡だった。身体の回復に比例して、山上の心に復讐心が芽生えてくる。まさに岡組にとっては思うつぼだ。

五右衛門風呂での自殺の真相

義理や人情を利用して人柱を作り上げるのはヤクザの常套手段である。助けてもらった恩義に報いるため、山上は再び殺人を犯す。殺されたのは警官だった。山上が岡の依頼で護衛を引き受けた窃盗団が警察に捕捉され、主犯を逃がすためにためらいなく射殺したのである。その後、山上は十日ほど逃亡を続け、岡に護衛の不履行を詫びたのち警察に出頭した。警官殺しは罪が重い。判決は無期懲役である。

これで山上のヤクザ生命も潰えたはずだった。だが、時代の空気はそれを許さない。復讐心はメラメラと燃えたままで、恩人である岡への恩返しも未だ為しえぬままだ。その上シャバで恋人の結婚話が進んでいると聞き、山上は途方も無い手段で脱出を図る。

「ジギリ」と呼ばれるそれは、半死人となり、生死の境を彷徨《さまよ》うことによって塀の外へ飛び出す手段だ。一か八かの賭けであり、そのまま死んだ人間も多い。山上が採った方法は断食だった。一般的に六週間の断食は死と判断される。山上の断食期間は四十七日というから、もはやほとんど死人である。こうして仮死状態となった山上は、岡の手回しもあって、まんまと無期懲役をチャラにする。今ではあり得ないことだが、当時はこういうことが出来たのである。

とはいえ、復活は容易ではなかった。容態を見た医者は瞬時に匙を投げたほどなのだ。しかし、再び山上は復活する。奇跡が二度起きたのだから、やはり山上の生き様は運命だったのだろう。

岡組と村上組の対立は激化していた。村上組は形勢不利と見るや、一気に岡組長暗殺に走る。だが銃弾はターゲットである岡組長を貫くことなく、壁に穴を開けた。いや、貫いたのは山上の復讐心だったと言えるかもしれない。山上はこの事件で、復讐の鬼と化すのである。二丁拳銃の射撃訓練を繰り返し、広島を徘徊した。

獲物はまるでアリ地獄にはまりこむように、山上の前に現れた。たまたま岡の賭場で飯を食っていると、酔っぱらって気の大きくなった村上組幹部が玄関先を叩き、「岡はおるか」と啖呵を切ったのである。

「うちの親分を呼び捨てにするんは誰か」

相手は酒のおかげで山上の狂気に気づかないようだった。これほど不用意なのだから、ヤクザの論理からすれば殺されたのは当然だ。

山上は相手が腹巻きに手を入れると、すぐに拳銃を発射した。もちろん急所は外さない。相手は即死、これで三人目である。もちろん捕まればシャバには出られない。

山上は逃走を決意した。

一人殺すのも二人殺すのも同じだ、というのはあくまで啖呵でしかない。乱暴に言えば、二人で無期、三人で死刑。その後の境遇はまったく違う。山上にそれが分からぬはずがなかった。それでも山上はさらに二人を射殺する。もはややけっぱちとしかいえない。自分の命などどうでもいいと思っていたと考えなければ辻褄があわない。

五人を殺した山上を警察はメンツを懸けて追った。刑事が殺人鬼の姿を見つけたのは、映画館だ。しかし観客の巻き添えを回避するため逮捕は見送られ、すぐさま警察署から物々しい武装警官が送られる。この殺気を感じ取れない山上ではなかった。すぐに映画館を抜け出し、駅前の酒屋に逃げ込んだ。しかし、もはやどうなるわけでもないのだ。捕まれば間違いなく死刑である。女将に山上は静かに言う。

「迷惑かけてすまんのう。これも成り行きじゃけぇ、勘弁してくれいや。もう少し迷惑かけるけん、これ貰うてくれんじゃろうか」

そうしてポケットの有り金すべてを差し出した。向かった先は、頑丈な鉄製の五右衛門風呂だ。風呂桶にすっぽり入ると、山上は渾身の力を込めて叫ぶ。

「誰かおるか、親分を頼むぞ！　みんなありがとな！」

そうして女将にむかい、「扉を閉めてくれんかのう」と静かに言った。これが最後の言葉だった。銃声はなにやら妙な音に聞こえたらしい。こめかみを撃ち抜いた山上の死体は、なにやらほっとした表情だったという。

殺人を正当化するつもりなどない。しかし山上が己の利益や快楽のための殺人者でなかったことは確かである。そして彼はけっして狂ってもいなかった。本当の狂気はヤクザという理不尽な社会そのものに潜んでいたのではないか。

第三章　ヤバすぎた昭和の山口組

山口組が抗争に明け暮れていた時代──田岡一雄とその軍団

全国進攻の先駆け「明友会事件」

山口組は抗争をする暴力団だ。

だから日本一の規模の大組織になったといって差し支えない。実際、小規模、もしくは分裂抗争を除くと、戦後の暴力団抗争史はほぼ山口組の歴史に重なる。ヤクザたちはその厳然たる事実を踏まえ、「命のかかる山口組」と評している。

大島組からのれん分けの形で独立、初代のあとを継いだ実子の山口登組長は、神戸市に建設される中央卸売市場の利権を巡って大島組と抗争になり、死者を出しながらもその利権を獲得した。その後、籠寅組（現合田一家）と浪曲の興行で揉め、その時、浅草で刺された傷が原因となり死亡してしまう。終戦直後、残された山口組の長老たちが若かった田岡一雄を三代目に擁立したのは、この人がめっぽう喧嘩が強かったからである。田岡組長は昭和十二年に二代目のもとに殴り込みをかけてきた男を殺した経験があった。今に至る山口組の抗争史は、田岡組長の下でよりいっそう暴力的に刻まれた。ただし山口組が全国に進攻していくのは、資金力を蓄えてからだった。最初の進出先は大阪で、地元の愚連隊組織はどんどん山口組に潰され、吸収されていった。

中でも有名なのが昭和三十五年八月に起きた明友会事件である。

大阪鶴橋駅近辺を根城に、千人近くの構成員を抱える明友会は、ドクロの刺青をトレードマークとする愚連隊で、その勢力をミナミの繁華街まで拡張していた。

「わたしと田端（義夫・歌手）、中川（猪三郎組長。田岡の舎弟）が席につくや否や、明友会の連中が不敵な笑みをたたえて、わたしたちのテーブルを取り囲んできた。

彼らは最初からケンカを売るつもりである。

『よう、バタやんやないか。一曲唄ってくれんかいな』

『わいらバタやんのファンや。どや、唄ってくれへんか』

ねっとりと絡む口調である。

中川猪三郎はとりなすように仲へ割ってはいった。（中略）

明友会の連中は、やはりケンカを吹っかける魂胆だったのだ。

中川猪三郎は憤然とした。

『引っ込んでろとはなんや。おまえら、だれにものをいうとるんや。こちらのおかたは山口組の……』

(中略)

『田端がなんや！　中川がなんや……』』(『田岡一雄自伝』)

一方的な侵略という形を取らないところが田岡流だった。まずは地元組織のひとつと舎弟なり若い衆の盃を結び、それを橋頭堡としながら抗争に持ち込み、少しずつ勢力を拡大する。頭ごなしに押さえつければ反発は必至だが、こうすれば抗争に大義が生まれる。

地元組織の対立に目を付け、どちらかを吸収、そこに肩入れする形で介入するというやり口は、山口組の常勝法といってよかった。当然、抗争になればその暴力性を遺憾なく発揮した。

「飴と鞭」の戦略

昭和三十二年の別府抗争は十年抗争と呼ばれ、凶器準備集合罪が制定されるきっかけになったし、同年の小松島抗争（徳島）では、以後の山口組のお家芸となる組員の大量動員を生み出した。前述した明友会事件の翌年、昭和三十六年には夜行列車内で殺人事件を引き起こし、翌三十七年には伝説の鉄砲玉・夜桜銀次が殺害された報復に、九州の炭鉱ヤクザとやり合った。

『仁義なき戦い』で有名な広島抗争も、山口組傘下になった打越会が、呉の山村組とぶつかりあったことで、抗争の火を煽り立てた。

いわゆる代理戦争の構図は、山口組のライバル的存在だった同じ神戸の本多会との争いだが、その後、本多会は名称を変え、最後には解散している。

その後の北九州事件を見ていくと、山口組全国進攻のやり口が分かる。

飴と鞭……当時、山口組は芸能興行を牛耳っており、地方にその支社を出すことで、地元の一部を懐柔したのだ。同時に、芸能人のスケジュールを盾にして、ライバル組織の興行を潰す。

関東には意外な方法で進出を成功させた。当時、稲川会の戦闘隊長だった林喜一郎幹部は、「山口組は関東には一歩も足を入れさせない」と公言しており、実際強引な手法で横浜に先兵を送った山口組との間にトラブルが頻発。昭和三十八年には横浜市内で市街戦の一歩手前という事態にまで発展している。だが、山口組はこれを契機に「麻薬追放国土浄化同盟横浜支部」という名目で組員の駐留を関東側に了承させ、稲川会石井進理事長、趙春樹専務理事と、山口組の山本健一・山健組組長、益田芳夫（佳於）・益田組組長の兄弟盃を行い、少しずつ関東を侵食していったのである。

田岡組長亡き後、四代目の座を巡って山口組は分裂、骨肉の争いを繰り広げた。以降も山口組から飛び出た竹中組と抗争を繰り広げ、五代目体制になってからも宅見勝若頭を殺害した中野会を追い出し、数多くの殺人事件を繰り返し起こしている。

山口組の強さは、抗争事件によって作られてきたのだ。

地道行雄——名参謀の悲劇

抹殺された名跡

三代目山口組若頭・地道行雄。

山口組史上最大の功労者は、失格者の烙印を押され、あるいは一部から裏切り者の汚名を着せられたまま、入院先の関西労災病院でひっそりと死んだ。自宅で突然喀血し、入院してからわずか一ヵ月あまり。これではまるで死に急いでいたかのようだった。心の病は肉体の健康状態に直結する。死因は肺ガンだから完全な自然死とはいえ、心理状態や状況を考えると、ほとんど自殺に等しかったと言えなくもない。死にたい……死にたい……死にたい……地道が自己の名誉をなにより大事にする人間ならば、そう思っていたに違いないのだから。

葬儀はまったく寂しいものだった。会場や祭壇の規模、花輪の数など故人の遺徳には無関係だといっても、これではあまりに惨めだった。全盛期の勢いを知る者の心には、たとえようもない寂寥《せきりょう》感が漂ったという。

〈これほどの人が……なんでや……〉

最後まで付き合いのあった近親者や友人たちは、大切な人を失った悲しみと、目の前に突き付けられた哀しい現実のダブルパンチを受け嗚咽《おえつ》を漏らし、慟哭《どうこく》した。

どんな死も、どんな葬儀も同等に悲しい。素晴らしい死の瞬間などどこにもない。しかし、残された者の涙の質はケースバイケースである。地道に捧げられたのは、ぶつけようのない怒りと悲しみを溶かしこんで溢れ出た涙だ。飲み干して舌下に残るのは虚無と慚愧《ざんき》、そしてヤクザ社会に対する恨みだけである。

葬儀はもちろん山口組の組葬ではない。かつての仲間の多くは葬儀会場を訪れることもなかった。

「どこまでもあなたについていきます」

「若頭《かしら》ほどのヤクザはどこにもいません」

耳朶《じだ》に心地よいおべっかを言っていた人間ほど、若頭を解任されると態度がコロリと変わったし、

「この恩は一生忘れません。いまのわしがあるのは若頭のおかげです」

地道に取り立てられ、涙を流さんばかりに感謝した後輩でさえ、とばっちりは御免だと背を向けたのだから予想通りだった。ヤクザは機を見るに敏である。沈みかけている船と心中しようという人間など、実際にいるわけがない。

このとき地道はヤクザ社会から、そして山口組から完全に抹殺されていたと言えた。過去の人ならまだよかった。地道は過去にもいなかった人にされたのだ。彼の死後、配下だった佐々木道雄が直参に取り立てられたが、二代目地道組を名乗ることは許されていない。その名跡や功績は今や山口組内部でも意図的に忘れ去られ、残滓さえも残っていないように見える。

どれだけ親分に尽くし、どれだけ功績を重ねても、たった一回の失敗ですべてがお釈迦——水の泡になるのがヤクザ社会だ。問題をクリアして当然、完璧にこなして当たり前、永遠に成功を続けなければ評価されないうえに、死ぬまで板子一枚下は地獄という不安定な位置に置かれるとするなら、いったい誰がゴールにたどり着けるというのだろう。

着実に声望を得る

地道は大正十一年生まれである。大正二年生まれの田岡からみると九歳下だ。一般的に言うならちょうどいい年齢差だった。腹を割って話し合うには、世代のギャップが可能な限りない方がいい。

この年代は若くして戦争経験を持った特殊な世代だ。尋常高等小学校を卒業後、三菱電機の工員となり、その後召集されて戦地に赴いた。中国大陸の最前線を転々としたというから、いつ死んでもおかしくなかった。一度捨てた命、そんなセリフも地道のようなヤクザが言うなら様になる。

中国で敗戦を迎え、昭和二十一年にやっとの思いで復員すると、神戸・福原で自転車修理業を営む実兄のもとで働いた。その後、愚連隊となったが、愚連隊とはただの不良のことであり、大仰になるとかならないとか言う次元のものではない。要は遊びたい盛りで夜な夜な繁華街を徘徊していたということである。

だが、最も好きな遊びは喧嘩だった。戦争で煮え湯を飲まされたという思いがあったのか、神戸を我が物顔で暴れ回る不良韓国・朝鮮人グループや、先鋭化した台湾省民一派の横暴に異常なまでの対抗心を燃やし、彼らとの喧嘩に明け暮れるのだ。

市民のためと言えば聞こえはいいし、そういった思いも確かにあったとはいえ、そのあまりに執拗で粘着質なやり方は、個人的な感情が影響していたと考える方が自然である。

山口組入りしたのも、思う存分彼らと喧嘩が出来たからだという話もあった。そう考えると、「山口組抜刀隊」を指揮していた田岡一雄と出会ったときの地道は、待ちに待った師匠を見つけた思いだったのかもしれない。

山口組入りしてからも、地道は不良外国人勢力との喧嘩に明け暮れた。今度は田岡の命令で自分の欲求を消化できたのだから天職である。これまた民族的友愛精神で片づけるのもいいが、売り出し中の山口組にとって、喧嘩の勝利はなにより組織拡大の近道だったことを忘れてはならない。

地道の親分である田岡一雄組長はその自伝の中で、

「地道は、バクチに負けるとどこでも金を借りて歩くルーズさがあったが、機敏な行動と交渉上手でその手腕は吉川（勇次）と並び称され、組の若手たちの信望を集めていた」

と地道を評している。数々のエピソードは、田岡の客観的評価を裏付けるものが多い。

実際、その言葉通り、田岡はまだ駆け出しの頃から地道を買っていたという。機会があれば様々な用事を命じて経験を積ませた。田岡は人の長所を見抜き、最善の方法で人を育てる名人だ。それなりに大きな用事もそつなくこなすようになると、田岡は地道が自分の思った以上の人材であることに気がつき始める。

親分から頼まれた用事は言われたことだけをこなせばいいというものではない。店が閉まっていたから買えませんでしたとか、道が混んでいたから間に合いませんでしたなどという言い訳は決して通用しないのである。それでは子供の使いと同じだ。

地道は田岡から用事を頼まれると、的確にその真意を読みとり、あらゆる手段を使ってどんな状況でも最高の結果を報告した。店が閉まっていれば恫喝してでも開けさせ、道が混んでいれば原野を走って間に合わせる。誰に教えられたわけでもなく、ごく当たり前のような顔で期待以上の成果を上げる地道を田岡は次第に重く用いるようになった。

〈使えるやっちゃ。頭もいいし、行動力もある〉

実力主義の田岡は、その度に組内での地道の地位を一歩一歩着実に上げていった。

若頭として全国制覇へ

関西の顔役が一堂に会する大きな義理事があったときのことだ。誘いを受けた田岡は迷うことなく自分の名代として地道を指名した。理由は病気欠席。もちろん嘘である。地道の他に同じく目をかけていた直参組長の一人を同行させ、その様子を報告するように命じた。

当時の地道は神戸ローカルでは次第に名を知られるようになっていたとはいえ、一介の若い衆に過ぎなかった。もしかすると田岡はすでに地道を若頭にしようと、その資質と力を実戦の中で試そうとしたのかもしれない。

会場に着くとすでに関西一帯から名だたる親分衆が集まっていた。地道ら山口組の一行が到着したのは、一番最後だったのである。観客は一人でも多い方がいい。時間ぎりぎりに会場入りしたこと自体、喧嘩屋である地道の作戦だった可能性が高かった。

大広間に入ると、それぞれの代紋が入った紋付き袴を着た親分衆が、一斉に二人に視線を浴びせかけた。銘々が知り合いと笑いながらしていた世間話がストップし、会場が静寂に包まれた。厳格な縦社会に生きるヤクザにとって、雲上人の一団に睨み付けられることは大きなプレッシャーだ。それだけで大抵の若い衆なら足が竦《すく》む。

地道には一向に動じた様子もなかった。まとわりつく視線を無視し、座布団の上に置かれた親分・田岡の名札を探した。下座から二つ、三つ間をおいた場所でそれを見つけると、さも当たり前といった仕種でそれを拾い上げ、ずかずかと中央を歩いて一番上座へ座る。あまりに突飛な行動に、会場の親分衆も二の句が継げなかった。

「田岡の席はここじゃい！」

どっかとあぐらをかいたまま、地道は周囲を見回すように首を振り、腹の底から大音声で叫ぶ。

同行した直参組長は、

〈やるもんよ。大したヤツだ〉

と思うと同時に次の行動を考えた。地道の行動は関西博徒すべてを相手に喧嘩を売ったようなものである。まさかこんなことになるなどと思ってもいないし、義理事の会場だから道具など持ってきているはずもなかった。

〈まずはあいつをぶっ飛ばし、その間を駆けて地道を助け……〉

そう考えている間も地道は続けて、

「文句があったらいってこいや」

と、とどめの啖呵を切った。もちろん、こんなことは伊達や酔狂で出来ることと違うから、誰が咎めても地道はその場をテコでも動かないはずだ。殺されれば別である。その可能性は十分にある。

数人の長老格が廊下でひそひそと話し合い、親分衆は一席ずつ順繰りに席をずらした形で無言のまま着座した。そのまま式典が開始されると、地道はどっかと最前列に腰を据えたまま微動だにしない。なんとも緊張感のある義理だった。

式典が終わると地道はゆっくり立ち上がり一度も後ろを振り返らないまま部屋の中央部分を歩いて外に出た。廊下でも玄関でも威風堂々だった。車に乗ると急に相好を崩し、直参組長に、

「どうやった？」

と尋ねる。まるで子供が鬼ごっこの作戦を相談しているような無邪気な顔である。

本家に着くとすぐに田岡に報告した。

「どやった？　なんもなかったか？」

「はい」

「そうか、ご苦労」

地道が去ると、田岡は同行した直参組長をすぐに呼んだ。

「それが……」

聞きながら終始満面の笑みである。ところどころ「うん、うん」と頷き、最後には笑い声すらあげた。

「ちゅうことは、親分は最初からこうなると……」

「そうやろう。地道はそういう男や。だからわしはあいつを行かせた。それにしてもここまでやるとは思わんかったけどな」

ほどなくして地道は田岡の指名を受け、安原政雄の後任として山口組の若頭に就任する。安原は器量はあっても田岡の子飼いではない。新若頭の出現で山口組は一気に若返り、名実ともに田岡の山口組となった。そうして地道のネゴシエーターとしての見事さと電光石火の行動力をベースにしながら、長年の悲願だった全国進攻の野望に向かって歩き始めるのである。

「地道がいなければ駄目やった。親分がすごいのももちろんやが、ヤツがいたから山口組は大きくなったんや。どの喧嘩も指揮を執ったのは地道やった。いつも親分に相談せずに行動し、結果だけ報告する。親分はいつも黙って頷いた。事後報告？　当たり前やないか。そんなこといちいち全部親分の耳に入れる馬鹿がどこにおる」（三代目山口組時代の幹部組長）

類いまれな交渉術

若頭となった地道は遺憾なくその才能を発揮した。地道の率いる山口組は破竹の勢いで快進撃を続け、多くの中小組織・愚連隊を吸収。一段と大きくなってさらなる進撃を開始する。

例えば代表的なのは殺しの軍団の異名をとった柳川次郎率いる柳川組だ。地道の舎弟となった柳川はその意を受けて全国進攻の尖兵となり、各地に山菱の代紋を掲げていったのである。

「暴力団史に残る大抗争事件のすべてに指揮を執り、「百戦百勝、無敗の進撃を続け、山口組と地道の名は全国にとどろきわたった」

当時の警察資料にもそう書かれるほどだったから、地道の功績は誰もが認めるものと言っていい。豪放な地道の性格は、波に乗ったときには最高のマッチングをみせる。この時期の若頭としては、他の誰がなっても同じような功績をあげることは出来なかったはずである。

攻めているときこそ真価を発揮する。これは細かなことにこだわらず、思いたったらすぐに行動する腰の軽さと、大胆さが作用していた。

それをうかがわせるエピソードを紹介しよう。

地道は精力家の常か、女好きとして知られている。それもとびきりの面食いだ。神戸の一流クラブに出かけ、最も美人のホステスを呼ぶと、必ず地道の女だったなどと揶揄されるほどであった。

あるとき、地道の女になっている美人ホステスに、某直参組長が目を付けた。ヤクザの女の落とし方は極めてシンプル、かつ強引である。ガンガン金を使い、ストレートに抱かせろと迫り、首を縦に振らなければ恫喝である。

「お前が思わせぶりだからこれだけ金を使った。どう落とし前を付けるつもりだ」

そう言われれば、断ることの出来る女などいない。

この直参組長も口説き方は典型的なヤクザのそれである。洒落た会話も駆け引きもなく、「俺の女になれ」と詰め寄った。もちろん彼女は若頭である地道の情婦だから、ハイと言えるわけがなかった。かといってあからさまにも断れず、適当に相づちを打って話をそらせていた。

業を煮やした組長は食事をしようと誘い強引に車に乗せた。そのまま六甲山の山道を駆け上がって、人気のない場所に降りた。もちろん強引に女をモノにするためだ。

「そんなことしてただで済むと思ってるんか。私は若頭の女やで。あんたのため思うて言うとるんやで。やめとき」

「それがどないしてん」

名前を出したことが致命的だった。たいていの場合はそれで終わりである。だが、抗争の中に生きる当時のヤクザには一癖も二癖もある連中がごろごろしていた。たとえ若頭であっても、名前を出された以上、バックを踏むことは負けを認めることになる。

「どうなってもしらんで」

叫ぶ女を無視して草むらに押し倒し、ためらうことなく犯した。

話はすぐに地道の耳に入った。地道の行きつけのバーに呼び出しがかかる。組長が扉を開けると、カウンターに一人、地道が座っている。刺すような鋭い視線で睨み付けたまま言った。

「われ、わしの女やと知っててやったんかい」

女を寝取られているのだ。どう言い訳したところで、納得するわけなどない。

「知っとったら口説くかい」

「せやったら女が嘘ついとるいうわけか」

「あのアマ、わしがやろうとしたときになってそう言うたんや。若頭から聞いとったら別や。せやけど苦しまぎれの嘘やったときは、どないする。わしがビビッて手を引いた言われるんやで」

「なんやて、こらっ」

同行していた若い衆に緊張が走る。理由はどうあれ、喧嘩になれば目の前の敵を倒すだけだ。

「お前ら、みんな表に出え！」

そう怒鳴ったのは地道だった。

「サシで決着つけようやないか」

二人を残して双方の組員が退去すると、タイマン勝負が始まった。決着はなかなかつかない。

「なかなかやるのう」

お互いに喧嘩の強さを分かり合うと、二人は急に女で争っていることが馬鹿馬鹿しくなった。結局仲直りに一杯ということになり、どんどん杯を重ねて、ついにはへべレケの酩酊状態になった。組員が迎えに来たときは、二人は素っ裸で肩を組み合い歌っていたという。

なにやら漫画のような筋書きだが、地道は自分がプライベートではいい加減なだけに、こういった気質の人間を好むところがあったらしい。また、この人間が必要かを組織として考え、自分を立てながら仲直りする方法を考え出したのかもしれない。

どちらにしても、振り上げた拳を下ろす理由を作り、大事な組員に器量の大きさを理解させながら情を通わせる遣り口は、見事な交渉術と言えた。

無常な末路

地道のもとで山口組は空前絶後の大組織へと成長した。だが、地道は決定的な部分でやり方を間違えていた。獅子身中の虫──マンモス組織になった山口組の若頭にとって本当の敵は組織内部にいる人間たちである。地道に野心があるなら、どんな手を使ってでもライバルを駆逐しておくべきだったのだ。

地道の功績は突出していただけに、表だって不満を口にする人間はいない。だが、それだけに地道の周囲は嫉妬で覆われており、その足を引っ張ろうとする人間が虎視眈々とその機会を狙っているのだ。

そのうえ、地道は親分である田岡に対する対応も誤った。子分は決して親分以上に有能だということを悟られてはいけないのである。総合的に見れば無邪気なところのある地道など田岡の敵ではない。しかし、暴力的側面、喧嘩師としての才覚は田岡よりも優れているかもしれないのだ。実績を見ればそう言い切ってよかった。

昭和三十九年に「頂上作戦」が開始されると、全国の暴力団組織は徹底的な取締りを受けた。多くの組織が解散に追い込まれたが、田岡は権力との取引を一蹴し、建前としての組織解体にさえ頑として応じなかったため、山口組は狙い撃ちといっていい集中砲火を浴びた。攻勢に一辺倒で常に上り調子だった山口組を襲う危機。そのなかで地道は己の幼稚さを身に染みて感じることになる。

警察はあらゆる側面から山口組にメスを入れたが、なかでも兵糧攻め——経済封鎖には最も捜査に心血を注いだ。ターゲットになったのは田岡の盟友で企業部門を統括する岡精義。そこから芋づる式に事件を辿り、幹部、そしてあわよくば田岡までを一網打尽にしようというわけである。

そして警察は神戸のさんちかタウンに絡む恐喝事件に目を付ける。用心棒代を巡る事件で、山本健一のシノギを地道の一派が強引なやり方で奪い取っていたため、内部の綻びが見つけやすいと踏んだのだ。地道も逮捕され、金の流れについて厳しい追及を受けた。そして守り代を田岡に運んだことを自供してしまうのである。

どんなことであれ、子分は親分に対して警察の追及が及ぶことを阻止しなければならない。事実も正義もない。トップの組長は組織の生き神なのだ。

もともと田岡と地道は取締りに対する対応策において厳しく対立していた経緯がある。地道の考えは「いったん解散して取締りから逃れ、その後組織再建を」という解散是認で、田岡の意思を知りながら、真っ向から反対意見を述べていたのである。それを下地にして、さんちかタウンの事件が組み合わされ、「地道若頭は親分をないがしろにしていただけでなく、あろうことか警察に親分を売ったのだ」という組内世論が作られていった。八方塞がりの状況を察した地道は若頭辞任を田岡に申し入れ、昭和四十三年に役職なしの舎弟となったのである。

こうして反地道派が政権を握ると、彼はあっという間に窓際に追いやられた。親分に対する謀反はヤクザ社会最大のタブーである。地道に対する憎悪はいまや山口組の共通認識だ。引退したわけではないとはいえ、ここまで疎《うと》まれれば実質は同じことだった。まるで針のむしろに座っている気分だったことだろう。

だが、地道は本当に田岡を裏切ったのか。親分に媚びへつらい、命令にただ頷くだけのイエスマンは本来佞臣《ねいしん》である。もし親分に致命的な誤りがあれば、身を挺して諫言するのが、本当の子分である。そう考えると、地道は自分を捨てて田岡と山口組を守ったとも言えた。もし山口組が警察の要望に応じ、いったん解散していたら、山口組の未来はまったく違うものになっていたはずである。いまの山口組を襲う混迷さえ払拭されていた、といえば言い過ぎかもしれない。しかし、それなりに取締りが緩和されただろうことは、疑う余地がない。

ヤクザたちは決して地道を笑えない。どれほどの実力者でも、明日になれば彼と同様に天国から地獄に堕ちるかもしれないからだ。親分子分とはなにか、そしてヤクザとはなにか。地道の人生を見ていくと、その無常さに目眩《めまい》がする思いである。

柳川次郎——殺戮の化身

駆け引きも政治的解決もない

失うものはなにもなかった。

地位も名誉も財産も、最初から遠い世界の話なのだ。ギリギリの状況、崖っぷちの境遇。暴力団にエクスキューズをつけるわけではないが、どう転んでも改善される見込みのない絶対的な虚無感が、過激な暴力の源泉だったことは事実だろう。

柳川次郎率いる柳川組はこうしたバックボーンを持ち、「殺しの軍団」と恐れられた先鋭集団だった。このおどろおどろしい異名はまさに文字通りの意味で、彼らの喧嘩が殺すか殺されるかというシンプルな二元論だったからである。

暴力のプロであるヤクザの喧嘩は果てのない殺し合いに思えるが、実を言えば大方の喧嘩は性根を見せ合い、適当なところでシャンシャンと手打ちになるのが常だ。ヤクザたちが「喧嘩は演技力の勝負だ」と自嘲するように、ほとんどの場合は掛け合いで終わると言っていい。しかし、柳川組の恫喝はけっしてブラフではなかった。「撃つぞ」と言ったら本当に引き金を引くし、「殺すぞ」と言ったら本当に殺す。彼らの喧嘩には駆け引きも政治的解決もないのである。

「通れるだけの道を開けてください。でなければ、大きな岩を動かしますよ」

という柳川組は最後の一兵まで玉砕覚悟だった。最初から命を捨てた人間ほどたちの悪いものはない。こんな狂犬と喧嘩するヤツなどただの馬鹿だ。実際、多くの馬鹿が柳川組に潰されているではないか。

だから柳川組の暴力イメージが定着すると、ウラ社会での地位や財産を失いたくない支配層は、黙って利権の一部を差し出し、彼らの通る道を開けるようになった。柳川組はこうして時代の寵児になっていったのである。

現在のウラ社会でも、ヤクザと外国マフィア勢力との関係に、これと似た状況を見ることができる。もちろんヤクザはマフィアたちに屈したわけではない。しかし金持ちになってしまったヤクザは捨て身の喧嘩ができず、ハングリー精神にあふれるマフィアたちの前に、利権の一部を差し出さざるを得ないのだ。金持ち喧嘩せず。アウトローの社会でも、この定理は厳然と生きているわけである。

血の結束

柳川組初代組長である柳川次郎は韓国名を梁元錫《ヤンウォンソク》という。結成当時からの同志で二代目組長となった谷川康太郎も同じく在日韓国人だ。このことから分かるように、柳川組は在日韓国・朝鮮人全体のアウトロー集団としてスタートした。

当時の在日韓国・朝鮮人に対する偏見や差別は、今とは比較にならないほど激しかった。彼らの社会的地位は低く、どの家庭も貧困にあえいでいた。柳川自身、生家はとても貧乏だったし、差別意識と対峙するのは日常茶飯事だったと語っている。戦時中には神戸製鋼中津工場で強制労働に従事させられたこともあったという。

しかし、そういったネガティブな要因がこの上ないプラスに転じるのだから皮肉である。柳川組には失うもののない強さに加え、もう一つの強みがあった。血の結束だ。

柳川組は大きな喧嘩をいくつもやっているのに、潰れないどころか、ますます大きくなっていった。

「やはり団結というか、お互い助けあって生きていこうという意志が強かったせいでしょうね。それというのも、つまり私たちは在日韓国人であって他に頼るすべはない、ということがこの団結を生んだように思いますね」(柳川次郎談。『アサヒ芸能』昭和五十年六月十九日号)

柳川組は愚連隊時代から背負ったものが違うと言えた。それを証明するかのように、暴力社会でのデビュー戦は鮮烈だった。

相手はヤクザ銀座といわれる大阪・西成に本拠を構える酒梅組鬼頭組。伝統的博徒である酒梅組の中では例外ともいえる好戦的組織で、これまでにも数々の抗争歴をもった暴力派である。

柳川組が狙ったのは鬼頭組が持つ飛田遊郭の利権だった。当時、飛田の売春婦やポン引きで、鬼頭組になんらかのカスリ──みかじめ料を払っていない人間は皆無だったのだ。それを奪えば、柳川組の力は一気に増大する。暴力社会でのし上がる方法はたったひとつ、利権を力で奪い取るしかない。

とはいえ柳川組はいまだ酒梅組の他団体の食客であり、組と言うよりは単なる愚連隊グループだった。手勢も組長の柳川以下八名しかおらず、百人以上の組員を擁する鬼頭組との戦力比はざっと十対一である。誰が見ても柳川組に勝ち目はなかった。

鬼頭組も柳川組を舐めきっていた。

飛田に食い込もうとする柳川一派の動向を察知してはいたが、あいつらになにができるとばかり静観である。目障りな柳川の配下をさらってリンチにかけたのも、軽い気持ちからだった。これ以上調子に乗っているといい加減怒るぜ、という意思表示だ。

不穏な空気を感じてはいたが、それでも鬼頭組には余裕があった、殴り込みを予想し戦闘態勢を敷いてはいたものの、相手はあまりにも小さいのである。たしかにヤクザの喧嘩は数ではない。しかしこちらが象なら、向こうはネズミ、いや蟻なのだ。

対する柳川の動きは素早かった。昭和三十三年二月十日深夜、柳川組の八人は鬼頭組事務所に奇襲を掛ける。

「柳川がきやがった」

そう一報がもたらされても、鬼頭組に危機感はなかった。相手はさらわれた仲間を助けに来るわけだし、あの少人数でいきなり斬りかかっても勝ち目などない。どうせ掛け合いに持ち込むつもりだろうという読みである。そうなればヤツらを取り囲み、ぐうの音も出ないほど威嚇してやればいい。

しかし柳川一派は最初から命を捨てていた。血糊ですべらないように、日本刀を握った拳には何重にも包帯が結ばれている。路上で鬼頭組組員に出くわすと、

「死ねや！」

短く叫び、袈裟懸けに日本刀を斬り下ろす。

「ウギャァァ」

断末魔の悲鳴を上げ、鬼頭組組員が倒れた。

いきなりの攻撃に鬼頭組は浮き足だった。阿修羅のごとき形相の柳川一派は、狂ったように日本刀を振り回している。バリケードは易々と突破され、柳川組はあっという間に事務所に突入した。壁を背にしてにらみつける鬼頭組長を一瞥すると、柳川一派は再び手当たり次第に斬りまくった。自分が斬られるとか、相手を殺してしまったら後がヤバイなどとは露も考えていないから、ひたすら急所を狙ってくる。「そんなんありか」と思ったところでもう遅かった。死ぬ覚悟のできていない人間に勝ち目などなかった。

ほどなくして警察が駆けつけたが、現場に到着した警官隊は、あまりの凄惨さに愕然としたという。一帯はまさに血の海で、その中に十数人の鬼頭組組員が倒れ、蠢《うごめ》いているのだ。生きているのか死んでいるのか、ピクピクと動くたびに、血の海が広がって

いった。その中に立つ柳川一派は、まさに血に飢えた狼だった。

鬼頭組の犠牲者は死者一名、重軽傷者十五名。柳川一派は軽い負傷が数名というから圧勝である。

潔いまでの「悪の華」

以降、柳川組は急速に勢力を拡大する。

北区堂山町に事務所を借り、「柳川組」の看板を掲げると同時に、「柳川興業」を発足し興行にも乗り出した。

しかし大阪には数多くのヤクザ組織が群雄割拠している。柳川組の入り込む空白地帯などどこにも存在しない。再び柳川組は力で他人の縄張りを奪い取るしかなかった。そのためには手段など選ばなかった。

どこの組織がバックにいようとお構いなしで、クラブやバー、パチンコ店などにみかじめ料を要求する。二重取りを納得しなければ、面倒を見ている組に戦闘部隊を差し向けた。対立する組の親分や幹部をさらったことは、一度や二度ではなかったという。当時の警察資料には、「柳川組が四、五年の間に伸びたのは、一人一殺を看板に他団体の地盤に切り込んだことが大きく功を奏している」とある。喧嘩こそシノギ、捨て身の暴力こそ柳川組の看板なのだ。

その後三代目山口組に加入してからも、柳川組は山口組全国侵攻の先兵となった。全盛期には一道二府十県に進出、傘下は七十三団体を数え、構成員は千七百人に達した。二次団体でありながら、大阪府警に柳川組壊滅本部が設けられるほどであり、殺しの軍団の名は全国にとどろいたのである。

しかし二代目谷川康太郎の時代、柳川組は突如として解散する。谷川が獄中から先代柳川次郎の合意のもと、解散宣言を行ったのだ。今では警察当局が強制送還をちらつかせて解散に同意させたという見方が一般的である。

その足跡を見ると、柳川組は暴力団の中の暴力団としかいえない。

「ヤクザものがいいことばかりして、めしが食える道理がない。（中略）だから私はヤクザものを美化する必要などないと思うんです」（前出『アサヒ芸能』より抜粋）

柳川の言葉通り、やることなすこと無茶苦茶だったのだ。しかし悪の華を自認し、建前を振りかざさないだけ、柳川組は潔いとはいえないか。くだらないイデオロギーを振りかざすアウトローほど、陳腐で醜悪なものはないからである。

ボンノ――「国際ギャング」菅谷政雄

煩悩の悪童

ヤクザは規格外の人間だからこそ存在価値がある。常人には出来ない行動――たとえば法律を無視しモラルを犯すことで、こいつらはなにをしでかすか分からない、もしかすると殺されるかもしれないと思わせるのが、ヤクザとして生きていく第一前提なのである。社会の中で生きる普通の人間には出来ないことを平然とやってのけるから、人はヤクザを畏怖し、そこに生存の余地が生まれる。ひどく常識的で順法精神に溢れるヤクザなど、裏社会ではまったく無価値に等しい。

だから三代目山口組若頭補佐・菅谷政雄は、誰よりもヤクザらしいヤクザだったとは言えないか。一般社会の視点からはもちろん、ヤクザ社会から見ても際立った異質さを持ち、裏社会を無手勝流で暴れ回った非常識さは、戦後のヤクザ社会でも一、二を争うものだ。

「菅谷は常に『俺は一度死んだ人間だ』と称し、自己の気に入らぬものは組の内外を問わず容易に暗殺してしまう狂気のような凶暴性を示唆して恐怖の的になっている。一時、山口組若頭補佐の地位に昇ったが、他府県進出にあたっても、その凶暴性と強引さを持って破竹の勢いを示し、昭和三十六年〜三十九年の四年間に、その勢力は大阪、和歌山、福井、石川、福島、愛媛、福岡、熊本の広域に及んだのであった」(『広域暴力団山口組壊滅史』兵庫県警察本部編)

そのエネルギーのため、ときに菅谷は組織の枠組みすらはみ出てしまうこともあった。いくら組織上部が頭を押さえつけても、首に鈴を付けることは容易ではなかった。

菅谷は「ボンノ」の異名で知られている。その由来については菅谷自身の言葉に耳を傾けたい。

「当時四、五歳の私は、非常に癇気が強かった。両親は毎日のごとくお寺へお詣りに行くついでに私を伴って、癇の針をお寺でさせたのです。私はいつも和尚に痛い針をされるので、子供心ながらその腹いせにお説教のある度、仏様にお供えしてある供物を放ったり、お寺を目の仇のように悪いことばかりをするので、そのたび和尚が私に『この煩悩めが！』とたえず叱るので、それを近所の人が聞いて、菅谷のぼんは〝煩悩〟だというようになってしまったのであるが……。以来、今日まで私の名は『煩悩』ということになってしまった」（「山口組時報」第二号）

菅谷はこのボンノという異名をことのほか気に入っているようだった。通常なら悪口ともとれるような異名をそのまま使うセンスは、やはり菅谷らしい個性の表れだ。

ヤクザは一種の人気商売であり、名前を売ることはなにより大事だから、他人との差別化、覚えやすさなどの観点からも効果的だった。仏教用語だけあって、なにやら哲学的な匂いもして独特だし、音の響きもいいから、一度聞けば大概の人間はボンノの名を覚えたという。

また、自分の配下には親分ではなくボスと呼ばせた。菅谷のセンスは不良の世界では最先端だった。自らボンノと称した菅谷の意思を尊重して、ここでも以後はこの異名を使いたい。

異色のネットワーク

どうやら戦中からボンノの名は関東にまで聞こえていたようだった。いまほどヤクザ組織間の交流のない時代だし、事件以外はマスコミに取り上げられることだってない。彼の名が広まったのは口コミだった。全国津々浦々とはいかないにしても、東京の不良たちにまで知られていたのだから、裏社会ではどれほどの有名人だったか分かる。

「ボンノだろ、神戸の。本名は知らないけどその名は知っていた。有名だったよ、こっちでも」

と、在京愚連隊の元メンバーも語っている。

ボンノは一時期、東京のヤクザの下へ客分として居候していたこともあって、港会(住吉会の前身)の大物である波木量次郎をはじめ、横浜などにも知己が多かった。そのツテで、山口組勢の中で、横浜にいち早く進出したのもボンノである。神戸と同じ港町の風情があるためか横浜はボンノのお気に入りだったのかもしれない。

大正三年生まれのボンノが売り出したのは戦前である。

神戸の新川地区、ボンノが生まれた頃のこの街はスラム街のようなものだった。ボンノの生家も貧乏といってよかった。グレた理由を家庭環境に求めることは安直な気もするが、たしかにきっかけにはなったはずだ。そのうえ、両親も早くに亡くなっている。

心理的にも物質的にも、ヤクザに一番近い境遇と言える。

いったんは精肉業界の職に就いたが、しだいに盛り場を徘徊するようになった。血で結ばれた兄弟の連携を機軸に暴力社会に進出し、周辺の愚連隊を次々に傘下に収めた。ボンノブラザーズの結束の固さは地元では有名だった。もし兄弟に何かあれば、すぐにボンノが飛んでくる。そういったときのボンノには見境がなく、辺り構わず拳銃を乱射したこともあったという。

グループはしだいに大きくなり、ついに四十人を超えた。当時では、伝統的博奕打ちの一家と比べても大きな勢力である。戦後になるといち早く三宮に進出してシノギを拡張しながら、輸送物資の強奪を繰り返し、組織はさらに大きくなった。この頃の三宮は今からは想像も出来ないような陰惨で憂鬱な街で、空気は殺伐としており、毎日のように刃傷沙汰が絶えなかったのである。

多くの競争相手を尻目に勢力を伸ばすことが出来たのは、なによりボンノのやり方が一風変わっていたからだった。多くのヤクザ組織が三国人と呼ばれた在日韓国・朝鮮人や台湾省民の不良グループと真っ向から対立するなか、ボンノの組織した「国際ギャング団」は、彼らとうまく間合いを取り、効果的に利用したのである。なかでもボンノは台湾省民グループと深いつながりを持っていた。南京町で華僑の用心棒をやっていたこともあったという。

ここにもボンノの自由な発想が見て取れる。戦中教育を受け、妙に民族がかったイデオロギーを持ったヤクザたちとは、一線を画したやり方だ。自分が異端だからか、ボンノには多くの日本人のように、異端を排除する意識が少ない。

「ボンちゃんはあいつら（中国系グループ）をうまく手懐けていた。信頼されていたんやと思う。ヤツらは治外法権で、それをうまく利用すれば、うまい話も転がり込むし、ボンちゃんの闇取引の現場などにも、警察は手をだせん。また、もめ事があったときには、ボンちゃんがヤツらと日本人の間に入ることもあった。そうやってどんどん顔を広げていったんや。武器などもそういった独自のルートで豊富に手に入ったらしい」（解散した神戸の独立組織元組長）

ボンノの組織が国際ギャング団と呼ばれたのも、外国籍の構成員がいたからだった。こうした人間たちを通じて、ボンノは三国人不良グループと連携しながら莫大な利益を上げていった。ボンノのポケットは札束で一杯だ。そのほか、神戸の至るところにボンノのネットワークが張り巡らされていた。交番を焼き討ちしてもおとがめなしだったのも、それだけ警察に顔が利いた証明である。人間関係の隙間に生息するためには、接点の多さ――顔の広さが欠かせない。

三国人にも多くの知り合いがいたため、日本人との間で大きな対立が起きると、両者の間に立つのもボンノであった。昭和二十年、自警団を指揮していた田岡一雄が三国人アウトローに囲まれたところへ駆けつけ、窮地を救ったこともあった。

山口組の腹を食い破る

この世の春を謳歌していたボンノがつまずきを見せたのは、台湾省民会と朝鮮人連盟神戸支部との勢力争いがきっかけである。

当時の台湾省民会は、日本人の支持を勝ちとるため、朝鮮人連盟の不法を糾弾するという大義名分を掲げながら抗争を行っていた。建前上はそれに手を貸すという形だ。ボンノは台湾省民グループと深いつながりを持っていただけに、否応なく両者の抗争に巻き込まれていった。そして朝鮮人側の主力メンバーを拉致。一人に重傷を負わせ、もう一人を射殺してしまうのである。最大の武器だったネットワークの広さが、ボンノの首を絞めたとも言えた。日本の警察やＭＰは血眼になってボンノを追いかけはじめた。

ボンノは尼崎の隠れ家で逮捕された。

しかし留置場では差し入れに隠されたヤスリで窓の格子を破壊して逃亡する。すぐに追っ手に捕縛され勾留されたが、今度は裁判所から隙をみて再び逃走。まったく、やることなすこと規格外である。

「ボンちゃんはやりっぱなしだから、捕まったら死刑になるかもしれんと思うとったのかもしれん。これまでやってきたことを考えれば、そうなってもおかしくなかった。しかし、ボンちゃんは基本的に捕まると弱いんや。自由人やから、不自由刑がなによりツラいんやろう思う」(前出の解散した神戸の独立組織元組長)

検察の求刑は死刑だった。控訴審の途中で恩赦があり、懲役十八年に減刑されて刑務所に服役したが、これだけのブランクが空いてはどちらにしてもボンノは終わりだった。神戸を荒らし回った国際ギャング団は、こうして壊滅した。空白となった縄張りは、ヤクザ組織によって草刈り場となった。

刑務所でのボンノは、娑婆とはうってかわっておとなしかった。新聞に悪漢ボンノと書き立てられた面影はどこにもなかった。刑務官から見ても、ボンノは心底反省し、更生しているように思えた。とても面従服背といった感じではなかった。

塀の中で記された日記には、その心境が赤裸々に綴られている。刑務官の目にさらされるものとはいえ、実際読んでみると、本心から過去を悔いていたとしか思えない。日記に最も多く書かれているのは我が子のことだった。毎日毎日、我が子へ向けて自戒と愛情に溢れた言葉を書き綴った。八年あまり刑を残して昭和三十四年に仮出所できたのは、それだけここでのボンノが模範囚だったからだ。

しかし、出所すると、これまでの自戒の念はどこへやら、すっかり元のボンノに戻ってしまった。環境適応能力が高いとも言えるが、ボンノには、よくも悪くも喉元過ぎれば熱さを忘れてしまういい加減さがある。

野心に燃えるボンノは、再び神戸の裏社会を睥睨《へいげい》した。冷静に見てみると、出所した神戸にもはやボンノが居座るスペースなどまったくなかった。国際ギャング団の名前もまったく通用しない。

刑務所での長い時間は、ライバルとの間に個人の力ではどうにもならない大きな格差を生み出していたのである。牧場をするなら牛と豚を百頭ずつ送るという屈辱的なメッセージも届いた。ボンノは完全に時流に乗り遅れたことを悟り、既存の組織に入る決意を固める。

ボンノが常日頃、本多仁介を男だと言っていたから、周囲はてっきり本多会に入るものと思っていた。しかしボンノは予想を裏切り山口組に入った。本多と田岡を秤に掛け、将来性を見越して山口組に入ったと言われるが、それはあまりに綺麗すぎて、建前にしか見えない。あくまで推測だが、ボンノは山口組の腹を食い破るつもりでいたのではないかと思われる。

組長の田岡とは年齢もほぼ一緒だし、もともとボンノの方が知名度も実力も上だった。若い頃には田岡のピンチを救ったこともある。いまは組織力で大きな差がついてしまったが、ボンノが田岡の実力を軽く見ていたことは十分考えられることだ。もともとボンノはトップにしかなれない性質である。

ボンノは田岡の盃をもらって山口組若衆となった。年齢が田岡と一つしか違わず、前述のような経過から、舎弟となる線も検討されたが、若衆と決まった。

政治的闘争に巻きこまれて

頭に親分を頂き、ヤクザとなってからも、ボンノは自由に我が道を歩いていった。時期も良かった。山口組はすでに神戸を手中に収め、地道若頭のもとで全国進攻を開始していたのである。ボンノのように大きな野心を持ち気性の激しい人間は平時にはなにかと問題を起こすが、乱世には生き生きと光り輝く。後発のハンディから神戸には自分の入り込む余地のないこともあって、ボンノは地道組、柳川組、小西組（小西一家）などとともに、全国進攻の尖兵を務めた。

シノギもまた独特だった。必要な資金は配下から徴収せず、すべて自分で作った。いまのヤクザのシノギの中で、金融業は最もメジャーな事業のひとつだが、先駆者はボンノである。また、企業に食いつき倒産整理、競売、地上げなどのシノギを始めたのも、非常に早い時期だ。シノギに抗争に、菅谷組は怒濤の快進撃を続けていく。

昭和三十八年、山口組・田岡一雄組長は、最高幹部を集め新体制を発表した。舎弟頭の松本一美を筆頭に、舎弟の藤村唯夫、松本国松、安原武夫、岡精義、三木好美と若頭の地道行雄を七人衆とし、新設した若頭補佐に吉川勇次、梶原清晴、山本健一、そして菅谷政雄を任命した。一応は合議制だが、重要な決定は田岡が行うことはもちろんである。

中途採用で外様のボンノにとって、ここまで上り詰めたのはこのうえない名誉だったが、最高幹部への就任は、同時に醜い権力闘争、政治的闘争に否応なく巻き込まれていくことを意味していた。自由人のボンノにとって、新たな舞台が幕を開ける。

　山口組の全国進攻が一段落する頃には、最高幹部の顔ぶれもめっきり変わっていた。田岡精義は厳しい警察の取締りで引退を決意し、舎弟の安原政雄も不動産がらみの事件をきっかけにヤクザ社会を去った。そのうえ、地道行雄は対警察の対応を巡って田岡と反目し、若頭を退任している。七人衆は実質的に崩壊し、組の運営は若頭補佐に委ねられていた。

　地道が辞任した際の若頭補佐は、梶原清晴、山本健一、山本広、菅谷政雄である。田岡は後任若頭に梶原を指名した。組内の融和をはかるため、温厚で実直な人柄が買われたのである。梶原は新たに組内の派閥を考えながら、小田秀臣、清水光重、中西一男らを若頭補佐に加え、新体制をスタートさせた。そのなかで菅谷組は、相変わらず膨張を続けていった。

　昭和四十六年七月、地道行雄若頭の後任となった梶原清晴が海難事故で死亡すると、後任若頭は、残された補佐六人による多数決でいったんは山本広に決まった。しかし山本健一がこれに激しく反発、山健に感情移入している田岡は山広の説得をボンノに命じる。ヤクザの説得力は、持っている組織の力に比例する。田岡がボンノを指名したのは、それだけ菅谷組が大きかったからである。

　これまでの動きを茶番にしてしまうようなボンノの役目はまったく間尺にあわないものだった。だったら最初から互選などしなければいいのだ。もともとこういった政治的な寝技の出来る男ではないこともあって、ボンノは躊躇《ちゅうちょ》した。山健にも山広にも特別な義理はない。

　しかし、親分の命令は絶対である。ボンノは山広を説得し、代わって山健が若頭になった。政治の駆け引きに首を突っ込んだことで、ボンノはどんどん泥沼にはまっていった。微妙な感情のズレが、しだいに増幅され、ボンノを包囲しはじめた。若頭となった山健は、ボンノの自由奔放さにいらだちはじめ、ボンノは山健を若頭にしたのは自分だという自負から、いっそう唯我独尊となっていく。

スタンドプレーと上昇志向

　臨界点を越えたのは、昭和五十年七月、三代目山口組佐々木組傘下と二代目松田組溝口組との間で起こった「大阪戦争」だった。

　ボンノはこれまでのように自分のルートで独自に和解工作に動いた。これまでだって、同じようにやってきたのだ。だいいち、この喧嘩を収めることが出来るのは自分しかいないとの思いがある。

対して山健は、自分をないがしろにするようなボンノの行動に激怒した。田岡にとってもこれは見逃すことの出来ないことだった。組織の中で、両雄は決して並び立たない。自分ならボンノをうまく使うことが出来ても、山健には無理である。田岡は次代のことを考えて、選択を迫られていた。ボンノか山健か。もちろん後継者のために、敗者には、この世界から消えてもらうしかない。

謹慎処分が下されたとき、ボンノにとっては青天の霹靂《へきれき》だったはずである。ボンノはこのとき、田岡の意思に気付くべきだった。いまのヤクザのようにフルスイングを止め、フォアボールと死球だけを狙う。そうしていたら、ボンノにも活路はあったのだ。

この謹慎は翌五十一年四月になって解かれるのだが、同時に菅谷は若頭補佐から筆頭若衆に降格となった。しかし、喉元過ぎれば熱さを忘れてしまうのは、内包されたエネルギーが生む必然である。再びボンノは思いきりバットを振り抜いた。田岡や山健にとっては、渡りに船だった。

北陸最大勢力と言われた菅谷組舎弟の川内弘が念願であった山口組直参への昇格を組

織上層部に直接働きかけたため、それを知ったボンノは、昭和五十二年一月に川内を破門にし、追い打ちをかけるように四月十三日、菅谷組の四人の襲撃班が、福井県三国町・梶の喫茶店で川内を射殺したのだ。ボンノが山口組本家から絶縁されたのは、この二日後である。こうしてボンノは必然的に破滅への道を歩み始めた。

ヤクザ社会には疎外感をもとにした一体感があって、かつ強力な求心力を持っている集団である。同じ掟に生きる集団内には驚くようなホスピタリティを示すが、外部に対してはなるほど〝暴力団〟だ。集団からことあるごとにはみ出てしまう菅谷が攻撃にさらされ、ヤクザ社会から抹殺されたのは当然だった。落伍者の烙印を押され、転がる石のように坂道を転落した。

菅谷は山口組から絶縁となった。

政治工作であることは明らかだった。田岡はボンノを見捨てたのだ。

ボンノは絶縁された二日後、組員を招集し、次のように言った。

「このたび、わしは親分の田岡から死刑にまさる処分を受けた。詳しい事情はいっさいわからん。わしは親分に対して何も悪いことはしとらんが、何をされても田岡はわしの親じゃ。どんな目にあわされてもタテはつけない。が、わしは引退はせん。わしはわしの道を行こうと思う。おまえらはよう考えて、カタギになる者はなれ、よそへ行きたい（他の組に移りたい）者はそうしてええ。おまえらが自分の選ぶ道を行くことにわしは恨みも怒りもせん。遠慮することはいらんぞ」

　ボンノは幾多の修羅場をくぐったヤクザである。田岡の黒い意図に気付かぬほど、おめでたくはない。だから悲しみより、怒りが湧いてきた。このままおとなしく引き下がっては、「ベコのボンノ」の名がすたるではないか。

　絶縁状の差出人が「山口組三代目田岡一雄」の名ではなく、「山口組幹部一同」となっていたことを逆手に取り、引退も解散も拒んだ。安っぽい功名心に駆られ、いままでご機嫌取りをしていた人間までが、ボンノに牙を剝いた。変わり身の早さにかけてはヤクザの右に出るものはいない。やたらと精神世界を標榜するわりに、ヤクザたちは驚くほどドライだ。代紋を失ったヤクザはまったく惨めである。親分たちがいつまでも引退せず、消えゆくべき老兵になっても座布団にしがみつくのは、その実態を嫌というほど分かっているからだろう。

　ボンノは菅谷組を四年間、一本の組織として存続させるという離れ業を演じたが、最終的に山口組の圧力によって消滅する。ボンノは田岡のもとに出向き、自身の引退と組の解散を宣言した。

それからわずかひと月後の昭和五十六年七月二十三日、田岡は心臓病を悪化させ死去。後を追うように菅谷も十一月二十五日にこの世を去った。

幾多の抗争を経て、組織の縄張りがしだいに確定化していくと、ヤクザ社会を牛耳る人間たちは、手に入れた権利を守ることに力を注ぎはじめた。若い人間の個性を削ぎ落とし、枠からはみ出る行為を絶対のタブーとすることで、自分たちの立場を安定させる。菅谷のように自分の頭で考え、自分で行動する人間は混乱期には重用されるが、安定期には邪魔でしかない。いまのヤクザ社会では、菅谷のようなタイプは典型的な不適格者となろう。

国際ギャング団としての過去、ボンノの異名、粋なファッション。セントルイスブルースをバックに、フルサイズのアメ車で一流クラブに乗り付けるド派手な行動。スタンドプレーと熱い上昇志向、ボンノには個性がある。欠点も目立つが、そのぶん誰にも真似の出来ない魅力があった。細部を拾えばヤクザとして批判されるべき点は多々あるかもしれない。しかし、考えてみれば、普段は常識的に、いざとなったら非常識になんて、簡単に頭の切り替えが出来るはずもないのである。長所と短所は表裏一体。もし菅谷がきっちりと組織の中で生きていくことの出来る人間なら、山口組最大と言われた一大勢力を築くこともなかったはずだ。

個性が力だった時代は終わった。これからのヤクザに必要なのは、大振りをせず、フォアボールと相手のミスだけを願って試合に臨む消極性のようである。

鳴海清――ドンを撃った男

明日なき暴走

強いものには弱く、弱いものには強い。それがヤクザの本質である。

彼らの変わり身の早さは天下一品であり、ドスの利いた声で「殺すぞ！」と凄んでいたのに、相手が強いと分かった途端に猫なで声だ。傍で見ていると節操のなさにびっくりするが、それがプロというものなのだろう。プライドやプロセスを大事にするのはアマチュアのやることで、暴力を効果的に金に換えるには、徹底的にドライになる必要がある。勝てない喧嘩は避け、ビビる相手を徹底的に脅す。余計な美意識はじゃまになるだけなのだ。だからヤクザたちは喧嘩の前に代紋のカードを切り合い、お互いの戦闘力を確かめ合う。相手組織の力量を判断して押すか引くかを決める。

しかし、ときおりヤクザ史の中にはプロフェッショナリズムを度外視した突然変異が生まれる。もちろん利害を無視して、馬鹿げたヒロイズムやロマンに走るのだから、終着地点は例外なく破滅——すなわち死でしかない。現実の暴力社会に幼稚な理想論が介在する余地などないのだ。山口組という日本最大の組織に真っ向から牙を剝き、そして無惨な腐乱死体で見つかった大日本正義団の鳴海清はその筆頭である。彼の戦いはいかなる角度から見ても、万に一つの可能性もない無謀な行為だった。

では、いったい何が鳴海を突き動かしたのか。当時のマスコミに「象とアリの戦い」と揶揄された明日なき暴走を追いかけてみることにする。

「血のバランスシート」の崩壊

その様子はなにやら妙に落ち着いて見えたという。「いまだから言えるが……」と前置きして、現場に居合わせた関係者は語る。

「有り得ないこと、そう過信してたのかもしれん。緊迫したというか、スローモーションのようにみえた」

昭和五十三年七月十一日、よろよろとホールに歩み出た男・鳴海清は、そのまま流れるような動作で拳銃を構えた。異変に気付いた人間は多かったが、誰もが金縛りにあったように動けなかったという。次の瞬間、乾いた音とともに二発の銃弾が、壁際に座る紳士に向かって飛んでいった。紳士はかすかによろめき、首筋を押さえながらうずくまった。それを合図にするように、対面に座っていた初老の男が二人、バタリと倒れる。どうやら銃弾は無関係な人間の体内で止まったらしい。

ターゲットに致命傷を負わせたのか、感触はあったが確信はなかった。しかし、辺り一面に硝煙の匂いが漂った以上、さっさと逃走しなければ命が危なかった。鳴海は中途半端な手応えを抱えたまま、「ベラミ」をあとにした。すぐさまボディガードが後を追った。しかし予想外の出来事に出遅れたのか、鳴海の姿は闇に消えた。

崩れ落ちた紳士は山口組三代目田岡一雄組長だった。山口組を束ねるトップであり、組員にとっては不可侵の精神的支柱である。大げさに言えば組員にとって田岡は神なのだ。よりによって鳴海は不作法にその領域に踏み込み、そして銃弾を放ったことになる。山口組組員にとって、ミサに土足で踏み込まれ、キリストを撃たれたようなものだ。

たしかにヤクザである以上、殺す殺されるというのは暗黙の了解である。特に西日本では実際の殺害が英雄視され、権力のお膝元に巣くう関東ヤクザのような話し合いや金銭的解決を嫌う傾向が強い。ヤクザは暴力でカタを付けよう。それは揺るぎない鉄則なのだ。それゆえ組長といえど標的になる。組織的地位が高い人間を殺せば殺すほど勲章の価値は上がる。

しかし、それでも山口組のトップを銃撃するなどということは、誰が見ても大それたことだった。日本一の大組織である山口組のトップは、いうなれば裏社会の最大のドンである。犠牲者の器量の軽重を釣り合わせる「血のバランスシート」という方程式から言っても、田岡の命に匹敵する値打ちを持つ人間など見あたらない。組の運営が田岡の類い希なカリスマ性に大きく依存していることを考えれば、山口組にとってチンピラを何百人、何千人殺したところでまだ足りない。

山口組は猛り狂った。馬鹿か、よほど賢いのか、どちらにしてもこの無謀なチンピラに思い知らせる必要があった。死は当然の報いである。もちろんそれだけで済まされるはずもない。

この日、田岡は東映撮影所で起きた火事を見舞いに京都を訪れていた。

「うちに来て、そのまま撃たれてしまったんです。なんということだ、まさか、と狼狽したがどうしようもない」（京都・太秦東映関係者・匿名）

田岡は身体が悪いこともあって酒を控えていた。当時の直系組長によれば、調子のいいときでビール二杯がリミットで、なにも知らずに酒を勧めた俳優が怒鳴り飛ばされたことも多々あったという。しかし、酒場の雰囲気が大好きで、よく夜の街へ出かけた。ここ京都市三条のクラブ「ベラミ」も田岡がよく出入りするお気に入りの店のひとつだった。

鳴海は用意周到に田岡襲撃を計画していたが、当日は予定外だったらしい。そのことが襲撃を結果的に失敗させたとも言える。首筋に傷を負った田岡はすぐに病院に運ばれた。着弾地点がヤバいわりに、奇跡的ともいえる軽傷だった。

火葬場で遺骨を頬張る

鳴海の執念を支えていたのは我が親分の敵討ちである。

大阪・西成に確固たる地盤を築いた博徒・松田組の賭場に、山口組佐々木組の組員が、賭場荒らし同然の手口でイチャモンを付けると、松田組の下部団体である大日本正義団は豊中市のスナック「ジュテーム」で佐々木組組員三人を殺害、一人に重傷を負わせた。もともと正義団は愚連隊色の強い他団体から戦闘部隊として松田組入りした経緯があり、松田組の賭場で起こるトラブル処理の一切を引き受けている暴力主体の組織である。この喧嘩でも旺盛な戦闘力を見せつけ、山口組相手に一歩も引かず、徹底抗戦に突入したのだ。しかしそれが可能だったのは、山口組がこの抗争をあくまで二次団体の喧嘩だと考えていたからだった。余裕をみせつけるように、山口組佐々木組は大日本正義団のトップである吉田芳弘会長を大阪・日本橋電気街の路上で殺害する。

殺された吉田会長は今でも「押せ押せで無茶苦茶で、しかし情のある人やった」と語られる人間力を持っていた。ヤクザとしては途方も無く魅力的で、それこそが正義団の力の源泉だったのだ。

葬儀の日、亡骸を火葬して組員たちが骨壺に骨を収める。何人かの組員が遺骨をポケットにしまい込む。その中で鳴海は突然親分の遺骨を頬張り、ガリガリと嚙み砕いて呑み込んだ。報復が報復を呼ぶ。絆が感情を加速させる。もはや鳴海の目的は、山口組に対する復讐しかなかった。正義団はシノギと報復班の二班に分かれ、行動を開始した。

〈オヤジの命に釣り合うのは山口組のてっぺんしかない〉

それが組員の思いだった。鳴海はその前線にいる。指揮を執ったのは吉田会長の実弟の吉田芳幸である。ちなみにその実弟は『親分はイエス様』という映画のモデルになったミッション・バラバの中心メンバーの一人だ。

永遠にヤクザ史に残る

襲撃が失敗したと知って、吉田と鳴海はすぐに地下に潜った。田岡が死ななかったのだから、いいではないか、などという理屈が通るはずもない。威信を傷つけられた山口組は、最低でもこの二人を抹殺しない以上、振り上げた拳を下ろせないだろう。そのことはヤクザなら誰でも分かる簡単な道理だ。

当初山口組は襲撃をボンノこと菅谷政雄率いる菅谷組の仕業だと思っていた。山口組を絶縁となり、なおも一本の組織として渡世を張る菅谷組とは一触即発だったからだ。だがそんな誤解はすぐに解ける。山口組は全力を挙げて吉田と鳴海を追った。

一刻も早く捕獲し、この世界のやり方でけじめをつける。警察に先を越されたらすべてがおじゃんだ。

一緒に逃亡していた二人はなおも田岡襲撃の機会をうかがった。ダイナマイトを腹に巻いて神戸の山口組本家に乗り込み、自爆しようという捨て身の計画も立てられたが、警戒が厳しく頓挫した。

山口組は派閥争いや警察の圧力もあって表面上はひっそりとしていた。水面下で和解工作も進んでいた。しかし大阪の夕刊紙に鳴海が送りつけた田岡宛の挑戦状は、あっという間に両者の関係を沸騰させた。

「田岡まだお前は己の非に気づかないのか。もう少し頭のすずしい男だと思っていた。でもみそこなった様だ。（中略）このまま己の力を過信すれば、その過信がお前のすべてのものを滅ぼす事に成る。それは天罰だ。かならず思い知らされる時がくるぞ。大日本正義団鳴海清」（原文ママ）

陣頭指揮を執る山口組若頭山本健一にとって、この文が本物か偽物かなどどうでもよかった（後日指紋と筆跡から警察は鳴海本人と断定）。もはや山口組の全勢力をあげて正義団、そして松田組を粉砕するしかなかった。こうして山口組は無差別ともいうべき攻撃を開始する。

その最中、吉田の元から鳴海が消えた。

再び姿を現したとき、鳴海はすでにウジ虫に食い荒らされた腐乱死体となっていた。死後一ヵ月以上経過しており、身元確認にも時間がかかったが、心臓に達する刺し傷や、歯や爪もないことから拷問の凄まじさはまざまざと分かった。

山口組は一方的に松田組を襲い、暴力の凄まじさを見せつけると、テレビカメラを呼び、一方的に抗争終結を宣言する。サンドバッグのようにめった打ちにされた松田組の意思など、まったく関係ないと言わんばかりの態度だった。

こうして象とアリの戦いは、予定調和のように巨象の勝利に終わった。松田組は壊滅し、強固な暴力のイメージを得た山口組はさらなる膨張を続けていった。

しかし、それでも鳴海清の名が永遠にヤクザ史に刻まれることは間違いなかった。実際、事件当時ヤクザ志願者が激増したが、その大半は「鳴海のようなヤクザになりたい」と渡世入りした人間だったらしい。親分が殺されても我関せず、メンツが潰されても意に介さないサラリーマンヤクザが激増する中、鳴海の馬鹿さ加減はもはや偶像化したヤクザのイメージのようなものとなった。そう考えると、鳴海ほどヤクザの本懐を遂げた人間はいないのかもしれない。

山本広──「ナンバー2」としては傑物

敗者の実像

勝てば官軍というけれど、なるほどヤクザ社会の敗軍の将とは不憫なものだ。組織の力を失い丸裸になる。どんな中傷にも反論の余地は与えられない。

現場の事情も知らぬ会ったこともない他者に囂々《ごうごう》と非難されるのだから、書かれる側はたまらない。マスコミというヤツはたしかに一種の暴力かもしれない。

とはいえ、目的は可能な限り客観的に判断することであって、一和会会長だった山本広を闇雲に非難したいわけではない。

古巣の仲間と袂を分かち、そして敗北した彼は、やることなすこと最低の親分だったように語られるが、本当にそうなのか。たとえば「策を弄しすぎる」という山本広の代表的な評価は、結果が敗北だから言われるのではないのか。では無策の人間はレベルが高いとなるのではないか。見方を変えれば評価などどうにでもなる。欠点も長所も一対の裏表だ。

山本広に心酔したヤクザだって、少数かもしれないがいたと考える方が自然である。それなりの威厳も貫禄もあったはずである。山口組側からさえ金鵄《きんし》勲章ものといわれた、竹中正久四代目、中山勝正若頭、そして南力組長を殺害した刺客たちは、山広組を主体とする襲撃班であった。

若頭補佐当時はそれなりにオーラを発していた。当時を知るヤクザには、

「渋かったで。本家で会ったときもたいしたもんだった、そりゃあそうよ」

と、とりとめもなく抽象的ながら、とりあえず肯定する人間もいた。だいいち大方のヤクザには山本広に石をぶつける資格などまったくないはずだ。

もちろん山本広（以下、山広）が三代目山口組の若頭補佐という高い地位にいたのだから器量があるだろうとか、一和会の会長になったのだから親分として魅力があったはずだ、というわけでもない。ただ非難しやすいからといって、ヤクザの病理をすべて彼のせいにするのはどうか、ということである。

幸いにして資料はたくさん残っていた。

ヤクザ史上最大の抗争となった山一抗争は、同時にマスコミにとって最大のヤクザフェスティバルといった趣があった。テレビで、新聞で、雑誌で、抗争の経過が逐一報道され、受け手はまるでプロレス観戦をしているような気持ちで生の殺し合いの行方に固唾を飲んだ。こう考えるとたしかに悪趣味としかいえない。しかし、それが人間の本性なのだ。他人の不幸が蜜の味なら、他人の殺し合いはロイヤルゼリーといってよかった。

それがオンタイムで流されるのだから、なるほど古代ローマのコロシアムに勝るとも劣らぬ最高のエンターテインメントであったといっても過言ではない。

「ああっ！　たったいま、一和会事務所に発砲がありました」

と、興奮気味に叫ぶアナウンサーは、みなリングアナのようだった。彼らが下世話な好奇心に支配されていたのは疑う余地がない。煽るだけ煽って、「市民社会の中でこんな殺し合いを許すわけにはいきません」などと言っても、当然だが説得力などあるわけがない。

また、その一方でヤクザ自身も積極的にマスコミを利用した。ブラウン管の中で、「来るなら来いや」といななき、誌面で大義を熱く語る。山一抗争はヤクザ社会における最初で最後の大がかりな情報戦だったのだ。こんな形のヤクザ抗争は、もはや二度とないはずである。

テレビは高視聴率を記録し、雑誌や新聞は売れに売れた。裏社会の住人であるヤクザは一挙に表社会に浮上した。というより、昔もいまも、ヤクザは世間でいうほどには裏稼業とはいえない。その中途半端さが、日本独自のアウトローであるヤクザの持つ大きな特徴でもある。

もちろんそういった報道には山本広を描いたものも多くあった。言うまでもなく、一和会優勢時には「山広は男である」といった論調の記事が目立つのに対し、山口組が盛り返した途端、手のひらを返したように「山広は最低だ」となった。

どちらが本当なのであろう。

これらを紐解き証言を交えながら、ヤクザ社会で封印され続けている敗軍の将はいったいどういう人物だったのか、実像に迫りたい。

戦中の話を避ける

山本広は大正十四年、兵庫県淡路島で生まれた。実家は半漁半農で貧しく、経済的には多くのヤクザと同じ下層出身者である。二歳のときに姉の嫁ぎ先に養子に出されたのは、食い扶持を減らそうといった時代の事情があったからだという。

当時、産めよ増やせよという国策もあって、子沢山の家庭は多かった。しかし、貧しい家では経済的事情から十分な子育てが出来ないのが現状だった。少子化社会の現代では考えられないが、養子というのはその当時としてはごく普通のことで、山広が特別不遇だったとか、こういった経験がなんらかのトラウマを生んだというわけではない。

養子先は経済的に恵まれていた。実家から移り住んでからはとても大事に育てられたようである。子供に恵まれない家庭だったこともあって長男として迎え入れられ、何不自由なく成長していった。山本という姓は、もちろんこの養子先のもので、元来の姓は出口という。

神戸市兵庫区の入江小学校から神戸高等小学校に進み、卒業後は大手電機会社の工員となった。勤務ぶりは真面目で、遅刻や欠勤はほとんどなかった。昼休みになれば同僚たちと相撲を取った。真っ直ぐで、明るくて、ごくごく普通の工員。

戦争が始まると、山本が勤める工場からも、兵役にかり出される人間が現れはじめた。山本も志願して徴兵検査を受け、昭和十七年には呉の海兵団へ入団する。

「海軍を選んだのは、淡路島出身ということもあって海が好きだったからだと言っていた。けど、あまり戦争当時のことは話さなかった」

元山広組組員は語る。

戦争にいい思い出などあるわけがないとはいえ、山広は極端に当時のことを話さなかったという。

戦中派のヤクザたちの中には、当時の軍国主義を引きずっている人間が多い。こういったヤクザは戦時中の思い出に浸って戦記物を好んで読んだり、民族主義に傾倒したりする。ヤクザの中には下部組織として似非《えせ》右翼を持っている組織もあるが、なにもかもすべてが似非というわけではないのだ。たとえ小指の爪の垢ほどであっても、彼らの根底には皇国史観が流れていることは事実である。

国家に対立しながら国家に迎合するヤクザ。もちろん大半は隠れ蓑──暴対法をはじめとしたヤクザであることで生じる不利益から逃れるためであることは論を待たない。

戦中派ヤクザとしては、山広は異様なほど国粋主義的なセンチメンタリズムとは無縁だった。そういった心情は反骨的、開明的と言えなくもなかった。山広は丸三年を軍隊で過ごし、普通ならば少尉クラスの階級になっているはずにもかかわらず、下士官一等兵曹で終戦を迎えている。推測するほかないが、極端に軍隊の水が合わなかったとも考えられる。

そしてヤクザ組織と軍隊はともに上意下達の階級社会であり、滅私奉公礼賛であり、非常に似通った部分が多い。もしかすると山広は、根本的にヤクザ社会になじめなかったのかもしれない。

南方戦線から復員した山広は舞鶴港から実家のある淡路島へ向かった。漁や畑を手伝ったが、船は徴用で軍に接収されており、沖に出る船がなかった。仕方なく手漕ぎの船を調達して漁に出た。

そんな漁で捕れる魚などたかが知れていた。わずかばかりの魚を手に近場の村に出掛け、物々交換で穀物と取り換えた。

転機になったのは淡路島で出会った知人だった。山広はそのツテで尼崎市内にあった土建業白石組を頼ってその若衆となったのだ。組長の白石幸吉はすでに三代目山口組・田岡一雄組長の舎弟である。ここで山広の人生が山菱の代紋と繋がったのである。

とはいっても当初は山広自身、白石が山口組の人間だとはまったく思っていなかったのだという。もともと白石は山広の義父宅に下宿しながら仕事をしていたこともあって、古くから面識があった。その白石はどこからみてもヤクザには見えない。そういったそぶりを見せたこともない。

白石組はあくまで田岡の企業舎弟のような存在であった。田岡の命令によって組内に若い衆も置かれていなかったし、組事に出席することもめったにない。周囲とて白石が田岡の舎弟と知っている人間はごくわずかであった。当時の土建屋は、得てしてこんなものである。現在の大手ゼネコンも元をただせば大同小異でもともとは半分ヤクザと考えていい。

もちろん山広自身には自分がヤクザになったなどという自覚はまったくなかった。実際、これまでの生活でそんなことを考えたこともなかったし、当時の山広はあくまで労働者として白石組に入ったのである。

白石組に入ってからは毎日汗水を流して働いた。漁で鍛えた山広の体は屈強だった。肉体労働ではだれにも負けなかった。現場に出掛け、自らももっこを担ぐ。充実した毎日である。

喧嘩をおさめる手腕

朝鮮特需に沸いた昭和二十五年ごろ、白石組に転機が訪れた。もともと港になじみがあったのだが、正式に神戸で港湾荷役業務を始めることになったのである。山広は人一倍働くうえに、事務仕事にも能力を発揮したから重宝だった。昭和二十七、八年ごろには上栄運輸という会社を設立、白石は監査役に山広を抜擢する。

山広はここでもよく働いた。出稼ぎ人夫、半端人足、荒くれ者の労務者を束ねた手腕は見事だった。喧嘩も出来るしアゴもたつ。トラブル仲裁には打ってつけで、他の荷役場でも喧嘩が起きると山広が走ったという。穏健派と言われ武闘派のイメージからはほど遠いとはいえ、この時代には山広のヤクザらしさを存分に見ることが出来る。

事業は好景気に乗って拡大した。白石はしだいに事業家に専念していきたいと考えるようになった。しかし、山口組・田岡組長は港湾荷役を牛耳る神戸港のドンである。山口組とのパイプがなければ、この地で生きていくことなど出来ない。

そこで再び浮上するのが山広だった。自分の代わりに山口組とさらに強い縁を結ばせ、事業とヤクザのパイプ役にしようと画策する。いわば白石組の利益代表であり、出向社員のような形であろうか。

白石は山広を呼んで、真意を尋ねた。

「どうや、ヒロ、山口組にいかんかい」

「はい」

山広は間髪入れず即答したという。ヤクザに利用されっぱなしの企業舎弟という位置に、ほとほと嫌気が差していたのかもしれない。

田岡も新しい人材を探していた。傘下の荷役会社の労務者にめぼしい者がいれば、片っ端からスカウトした。こういった荒っぽい仕事に従事している人間にはヤクザの素地が出来ており、鍛え直すのは簡単なのだ。独特な博徒の修業はしたことがなくとも、部屋住みをさせ、数年ヤクザのイロハを叩き込めば、それなりの若い衆になる。

田岡の山口組にはこういった形で若い衆となった者が多かった。他組織に比較すると伝統的博徒集団といった色合いは薄いのだ。というより、山口組は純粋な博徒とは呼べない。関西ヤクザたちも山口組をそう見ていたらしい。

ある花会でのことである。

そこでは多くの親分たちが集まって、博奕に興じていた。そのなかでとある在阪の名門博徒組織の組長が負け続け、手持ちの金を使い果たしてしまった。見かねた田岡が回銭をまわしましょうと申し出た。しかしその組長は、

「わしは博徒や。不良の銭なんて使えるかい」

と、けんもほろろにその申し出を断ったのである。これが当時のヤクザたちの山口組を見る目だと考えてよかった。田岡はその親分の気質を十分理解しており、苦笑いをするばかりだった。もちろん腹が立ったが、田岡は感情をセーブできないような小物ではなかった。怒りの感情を抑えて、ひとまずその場は収まったという。

博徒たちが古い因習に縛られ、賭場で悶々としているなか、いち早く企業活動に進出したからこそ、山口組の繁栄がある。田岡に「不良ふぜいが」と啖呵を切った親分の組織は崩壊し、山口組は日本一の大組織になったことは言うまでもない。

生真面目さと不運

山広は田岡の若い衆となった。その翌年には若頭補佐となった。出世のスピードは異例と言っていいほど速い。それには理由があった。山広は田岡にとっては外様中の外様である。本来なら新参者らしく末席に連なって当然だ。しかし白石の名代といったポジ

ションは最初からシード権のように作用した。田岡の舎弟だった白石の二代目的立場と考えれば分かりやすいだろう。

白石も山広を懸命にバックアップした。ヤクザ事に専念させるため、上栄運輸での実務はさせずフリーにした。もちろん籍はそのままで資金的な援助はいままで以上におこなった。一から名をあげ、シノギをつくっていかなければならない叩き上げに比べれば、金の心配がないだけ非常に有利であったことは間違いない。

昭和三十四、五年になると田岡の許可を得て山広組を結成。潤沢な資金源を得て組織を拡大していった。このころにはどうやら組織内でそれなりの地位に上り詰めていたらしい。ハンディをもらっていたとはいっても、それなりにヤクザの親分として器量があったと考えられる。

山広はなにより真面目だった。

生真面目と言っていいほどである。遊び人のヤクザたちがいくら夜遊びに誘っても、七時になると必ず帰宅した。恐妻家とからかわれ、同僚からも「七時の広ちゃん」と揶揄されたが、生涯この生真面目さは変わらなかった。ずぼらでいいかげんな人間の多いヤクザ社会ではとても貴重な存在だった。これに目を付けたのが地道行雄若頭である。

地道の下で山広は重用された。組織内の地位はぐんぐん上がった。大阪戦争や夜桜銀次殺害事件ではそれなりの功績もあげている。山広自身検挙され、実刑判決を受けた。穏健派であり決して武闘派とはいえないが、山広もヤクザである。抗争経験が皆無だとか、まったく抗争での戦勲がないということではない。

とくに実務面では大いに地道若頭を補佐したという。まるで参謀格といった存在だったという証言もある。

警察の頂上作戦が始まり地道が失脚、後任の梶原清晴若頭時代となってからも、山広は重用され続けた。もはや組織内では大勢力と言ってよかった。梶原若頭が事故死したころには、山広の発言権は強大なものとなっていた。

当然ながら山広は後任若頭の有力候補の一人となった。対立候補は山本健一である。彼らは病気療養中の田岡を気遣ってか、選挙で後任若頭を内定し、田岡に事後承諾を得るという方法を選択した。山本健一と山広の争いの結果は山広が四票、山本健一が二票。山広の勝利となった。

だが、山本健一は田岡に、

「山広が若頭になるなら自分は補佐を降りる」

と直訴した。田岡は互選の結果をひっくり返し、結局山本健一が若頭に就いた。なぜ田岡は自分の手で若頭を決めなかったのか。なぜ最初から山本健一を若頭にしなかったのか。諸問題はあっても、いままで順調な航海を続けてきた山口組。羅針盤が壊れ針路が狂うのはこのときである。互選をひっくり返したため、組織内には深刻な派閥対立、齟齬《そご》が生まれたのだ。たとえば組内最大勢力だった菅谷政雄はこれまで山本健一と良好な関係を保っていたが、互選で山広に一票を投じたことによって感情の行き違いが生じてきた。こういった亀裂はしだいに大きくなって、山口組の分裂に繋がっていくのである。いまもなおその山口組はこの呪縛から逃れられないでいると言える。田岡ほどの人物でも、後継者問題では結果的に失敗したと言わざるを得ない。

実務型リーダーの転落

山広に第二のチャンスが訪れたのは、田岡、そして山本健一の相次ぐ死去であった。昭和五十七年六月五日、山口組は筆頭若頭補佐の山広を組長代行とし、同月十五日に竹中正久の若頭就任を決める。今度は若頭というナンバーツーではない。山口組の頂点の座はもう目の前なのだ。

山広は早くから根回しに動き、三代目舎弟の中井啓一、中川猪三郎ら長老格の推薦を取りつけた。しかし、最終的には後継者レースに敗れ、四代目組長には竹中若頭が就任する。再び山広が敗れたのは、ひとえに田岡未亡人という錦の御旗を軽く見たためだった。本来なら女が口を突っ込むことの出来る世界ではないのだ。山広の未亡人を無視した考えは通常のヤクザ社会の常識に照らせばまったくもって正しいのかもしれない。

しかし、巨大化した山口組、そして亡き田岡組長の威光は特別だった。田岡の亡霊があまりにも巨大だったため、未亡人が「これが夫の遺志だ」と言えば、誰も逆らうことが出来ないのである。御法度の駒を見事に使った竹中派の政治工作は跡目レースの決定打となった。竹中自身は腹芸の出来ないヤクザだったが、その竹中が四代目に就任したのは、この見事な腹芸を駆使した側近幹部たちの勝利と言えなくもない。

そして山広は一和会を結成、山口組を離脱する。多くの有力組長が山広と歩調を合わせた。勢力も山口組を上回り、分裂当初は一和会六千人、四代目山口組四千五百人と伝えられる。山一抗争はもし山広にその器があるなら、十分勝てた戦いだ。

山口組からは飛び出てしまったが、とりあえず山広は念願のトップの座を射止めた。これまでの山広はたしかに親分の器に思えた。しかし、これまでの最大の長所はトップに就いたことで最大の欠点に変わる。これが山広の悲劇となった。

白石、地道、梶原らの下で遺憾なく力を発揮した山広。彼は補佐としてなら誰よりも有能だった。なにより人の意見を聞き、調整能力に秀でていたからだ。しかし、トップには補佐とは違った資質が求められる。決断力である。これまで山広は下された決定にそって動いてきたことはあっても、自分で物事を決定したことがなかった。だが、これからはそうはいかない。強い指導力を発揮し、自分で一和会の針路を切り開いていかなくてはならないのだ。

しかし、山広は相変わらず調整をもって組織の融和をはかろうとした。頭脳も暴力も加茂田組・加茂田重政組長、中井組・中井啓一組長、溝橋組・溝橋正夫組長、白神組・白神英雄組長、佐々木組・佐々木将城組長といった有力組長に頼り、その調整役に徹しようとした。いままでならよかった。しかしトップの人間が下に媚びたらおしまいだ。この乾坤一擲《けんこんいってき》だったはずの竹中四代目暗殺事件も、山広は大きすぎる結果に怯えた。このうえない戦果をあげながら見捨てられた実行犯たちは悲惨だった。

これまでの軌跡からは、こう結論づけることが出来る。

もしいまのような平和共存路線のなかで組織のトップになっていたら、山広は希有な親分と呼ばれたかもしれなかった。他組織と密接に付き合い、良好な関係のなかで組織を維持していったはずだ。共同体のリーダーが内部評価によって公平感と安住感を乱さないというなら山広は誰よりもその資質を持っている。こういった状況では意思決定の迅速さや命令の徹底など強さの要素はなにもいらない。

平時なら山広ですべてうまくいった。山広に親分の器がないというなら、彼より遥かにひどい親分はたくさんいる。

かえすがえすも山広は、時流と自分の才能を読み間違えたとしか言えない。しかし、それ以上でもそれ以下でもない。必要以上に山広を非難するのはあまりにも不当なのだ。

竹中正久――暴力の裏に秘めたしなやかさ

田岡未亡人の思惑

そのつもりは全くなかったという。

だとすれば、なぜ竹中正久は山口組四代目を襲名する気になったのか。文字通り竹中は山口組の頂点の座をまるで突然のように襲い、名跡を奪い取ったかのようにも見える。

これまでまるっきり興味を示さなかっただけに、その行動は豹変にすら思えた。すべての発端はカリスマの死にあった。そのうえ山口組をさらなる危機が襲う。誰もが認める跡目候補だった山本健一が、まるで田岡の後を追うように肝臓病で死亡するのである。ただでさえ指針を失って迷走していた山口組は、山本の死によって大きく混乱した。羅針盤は狂い、行き先さえ見えなかった。

半面、野心のあるものにとってはこのうえないチャンスだった。カオス的状況はあり得ない下克上を可能にする。こうしてみるとヤクザの出世の条件はつくづく「運」なのだ。もちろん実力は不可欠である。しかし、運に見放された人間は、終生不遇のまま終わり、気まぐれを味方にした人間は、とんでもない位置から一気にのし上がる。チンピラクラスならいざ知らず、努力や精進が報われる世界ではないのだ。

この時点でトップを狙えるのは、役職でいえば若頭補佐だった。具体的には古参の山本広、加茂田重政、金庫番と言われた小田秀臣、そして竹中正久である。ヤクザをしている以上、トップを夢見ない人間などいない。すぐに水面下で熾烈な後継者レースがスタートした。

その中で最も野心をむき出しにしていたのが山本広だった。いまや目の上のたんこぶは死んだ。まさに鳴くまで待とう――徳川家康の心境だったたかもしれない。

反対に最も無関心だったのが竹中である。竹中を担ぎ出そうという動きは、山口組の若手を中心に根強かった。だが、竹中はその度に「わしにその気はない」と繰り返すばかりだったのだ。

この期の正久の本音はどのようなものだったのか。竹中組若衆・竹垣悟にあてた手紙を引用する。

「先日渡辺（芳則。当時、山健組若頭）が面会に来ていろいろ話してくれました。渡辺も、山健自身も、死ぬとは思っていなかったので、肝心な事は何一つ話していなかったとの事です。頭《かしら》（山本健一）は俺と会って話をしたいと云っていたとの事です。俺と頭が会って話したのは、俺が務めに行く前に（昭和五十三年二月）神戸の紅屋と云う料亭で会って話したのが最後になりました。

俺の考へでは四代目は山健にやってもらう積りでした。こんな結果になるとは夢にも思って居りません。娑婆に居る人も皆んな困っていると思いますが、（中略）俺は今の所、四代目になる気は有りません。お前達が思っている様な、そんなあまいものではないし、又、俺にはそんな器量はありません。俺の様な田舎者が、四代目という名前が出るだけで満足です……」（五十七年二月十七日付の手紙）

正久にはこの頃、山口組四代目につく気持ちが毛頭なかったことが明らかである。

（溝口敦著『荒らぶる獅子』）

それが徐々に変化したのは、竹中の若頭就任前後と考えられた。

もともと四代目の座と同様に、竹中には若頭のポストも眼中になかった。竹中の若頭就任は田岡未亡人のたっての希望だったのだ。いったんは断ると宣言して出かけた竹中を、フミ子夫人は説得した。

フミ子夫人の意図は、組長代行に就任し、四代目に王手をかけた山広への対抗馬が必要だったためである。他の人間も考えただろうが、性格の非対称が竹中選出を決定づけたらしい。

組長不在という危機的状況はなにより組織にとって悪影響を及ぼすが、これまで築き上げてきた田岡の遺産はそう簡単には消滅しないと思われた。なにも早急に四代目を決めることはないのだ。二人を並ばせ、器量のある人間を選べばいい。

こうして山口組は、山本広組長代行——竹中正久若頭という暫定政権でスタートを切ることになった。

このことは両者とも跡目候補としての決定打に欠けることを意味していた。山口組は次第にこの二人を核としながら、大きな派閥抗争に巻き込まれていった。

土壇場で真価を発揮

竹中正久はどんなヤクザだったのか。

竹中が郷里である姫路の愚連隊から配下を率いて山口組入りしたのは二十八歳のときだった。竹中を強く推したのは当時の地道行雄若頭だと言われる。

地道は多くの人材を在野から山口組入りさせたが、その中でもことのほか竹中を買っていたという。いまだ根無し草の愚連隊でありながら、竹中はどこから見てもヤクザになるべき人間に見えた。なにより肝が太く小狡いところがない。中途半端なワルは、組員を束ねることなど出来ない。親分としての資質は未知数とはいえ、その分、限りない可能性もあった。

なにより強いものに正面から向かっていく竹中の姿勢は山口組の気質とぴたり重なった。法律にも精通しており、勉強家であるという意外な一面もあった。竹中の前に、ガサ入れに来た警察が煮え湯を飲まされたことも度々ある。もちろん竹中の言い分が正当だから、警察はすごすごと引きあげざるを得なかったのだ。こうみると、生来の気性はまるで山口組・田岡一雄三代目の権力に迎合しない姿勢を最も色濃く受け継いだようだった。田岡に可愛がられたのも当然だったかもしれない。

直参昇格後、山本健一若頭体制時には三十七歳の若さで若頭補佐に昇格した。出世のスピードは極めて速い。まだ若いとはいえ、誰もが竹中を認めていたことになる。

竹中が上層部の知遇を得て、一介の若い衆からトントン拍子で引き上げられたのは、なにもむき出しの暴力が評価されたわけではない。なるほど山一抗争当時、テレビのブラウン管に映った竹中の姿は、視聴者を威圧するに十分な迫力を持っている。

「なんじゃ、わりゃーっ。しまいにゃぶっ殺したろかっ」

というセリフは、もはや竹中の象徴的映像で、それだけインパクトがあったわけである。

だが、それは竹中の一面でしかない。

実際の竹中は、闇雲な暴力派ではなかった。押すだけなら誰にだって出来る。竹中の暴力派という評価は筋を通すために強硬姿勢も辞さなかったということで、話し合いも重視したし、抗争回避を模索することもあった。ただ馬鹿の一つ覚えのごとく、喧嘩を望んでいたわけではないのだ。暴力の使いどころをきっちり把握し、力で押すべきところは押す。これがヤクザの喧嘩である。

交渉事もうまかった。竹中は一流のネゴシエーターなのだ。場面場面で状況を判断し、最善の方法を選択する。自由に行き先を変える柔軟性を持っていたのが竹中なのである。こういったことは口で説明できるものではなかった。ある種の才能がなければ、永遠に身に付かないのである。

愚連隊時代を見ても非常に頭が切れる印象で、なにも暴力一辺倒でのし上がってきたのではないことが分かる。アマチュア時代から、竹中の使う暴力はプロのやり方そのままなのだ。地元の愚連隊といった幼稚な組織が、竹中に勝てるわけなどなかった。

同じように見えて、中身がまったく違うのだ。

田岡が目を付けたのはそういった表層的な反骨心ではなく、逆境でも信念を曲げない粘り強さと、土壇場にあっても踏ん張り続ける闘争心だったと言われる。その評価を決定づけた事例が、姫路事件と菅谷政雄の引退問題である。

姫路事件は山口組の抗争史の中でも、極めて重大な意味を持っていた。

昭和五十五年一月十日、導火線に火がついた。木下会平岡組組員によって竹中組津山支部幹部と山口組小西一家系の組員の二人が射殺されたのである。

平岡組のもともとの勢力基盤は岡山市である。しかし昭和五十三年以降、さらなる利権を求めて近隣の津山市に進出し、竹中組津山支部と激しい対立を続けていた。竹中にすれば、やるべきことは決まっていた。木下会への反撃態勢が敷かれ、竹中組が動き出す。

だが、突如として和解話が浮上する。竹中組長にとっては姫路の先輩であり、山口組の長老である三代目舎弟の湊芳治湊組組長である。そのうえ、木下会の高山雅裕会長は、「殺したうちの方が悪い」として、詫びを入れてきている。殺害した組員の所属する平岡組組長・平岡篤組長の小指と香典を差し出し、さらに湊組長の仲介で竹中組長に直接頭を下げた。こうなれば竹中にしても和解を飲むしかない。たったひとつその席で、事件に関与した組員の絶縁処分を付け加え、手打ちとなった。

その際の言葉のアヤが、この手打ちをぶち壊す。湊組長の「絶縁までせんでもええやないか」という言葉を、竹中は「破門」と取り、高山は「無処分」と取ったのである。

竹中組は関係組員の破門状が回ってこないことを大義名分に、手打ち条件不履行の制裁として高山会長を射殺した。

五月十三日、姫路市光源寺前町で事務所から出てきた高山会長が四人の組員に囲まれて車に乗り込もうとしたところに、竹中組の暗殺部隊三人が接近、全部で九発の銃弾を浴びせ、高山会長とガード役の組員の命を奪い、他の三人にも重傷を与えたのである。

衝撃は竹中組を越え、西日本一帯に広まっていった。というのもこの前年、長く対立関係にあった関西二十日会主要メンバーである侠道会の森田幸吉会長、共政会の山田久会長、浅野組の浅野眞一組長らが田岡一雄組長宅を訪ね、和解に向けて動き出していたのである。加盟組織である木下会のトップを殺された関西二十日会側は態度を一気に硬化させた。そのため竹中正久組長の四代目襲名時にも、加盟団体は襲名式典に参列していない。それは山口組が手打ち破りをしたと解釈していたからである。

しかし、手打ち破りだ、いや、最初に約束を違えたのはそっちだと言い合いをしても、無意味なことである。理屈は双方にある。どちらにしても、姫路事件で利を得たのは竹中だ。

野心のなさが仇に

これとは反対に、山口組を絶縁となった三代目山口組若頭補佐・菅谷政雄の引退勧告の際には、竹中がハト派の一面を見せる。政治的根回しを行い、ついに菅谷を引退勧告受諾のテーブルに座らせるのだ。当時、一本で組織を存続させていた菅谷組は目の上のタンコブであり、強硬姿勢を主張する組長も少なくなかった。かつての山口組最大勢力も、山菱の代紋を失ってからは急速に組織力が低下していた。功名心に駆られ、今がチャンスとばかり攻撃を仕掛けたがった組長も多い。

当日こそ、

「菅谷がぐずぐずぬかしたらぶち殺したるわ」

と息巻いたと伝えられるが、それは立場が言わせた一言である。もし竹中が殺すつもりなら、とうの昔に殺している。もちろん実際菅谷がその場になって約束を違えれば、それなりの強硬姿勢を見せたことは間違いない。

菅谷引退の件で見事な交渉術を見せた竹中は、組内の地位を不動のものとした。ニューリーダーとして山広の対抗馬に推されたのは、この二つで見せた竹中の資質が評価されたからである。

竹中の心変わりは、山口組の内部対立の過程で、次第に膨らみ始めた。その骨子は反山広である。

自分が四代目になりたいわけではない。しかし、山広の襲名は阻止しなければならぬ。いってみれば消去法によって導き出された極めて積極性のない決断である。とくに竹中自身の評価を決定づけた菅谷引退で見せた山広の態度は、竹中のようなヤクザが最も嫌うものだった。あのとき自分のやったことは、本来お前がやるべきことではないのか――その思いがどうしても拭えない。

山広には年齢的にも最後のチャンスだった。前回の若頭選出の際に、山広は若頭を決定する入れ札をひっくり返されていることもあって、最初から攻撃的だ。

昭和四十六年、地道の後任として若頭となった梶原は海難事故に遭って急逝した。このとき若頭補佐は六人いたが、彼らは病気療養中の田岡を気遣ってか、選挙で後任若頭を内定し、田岡に事後承諾を得るという方法を選択した。山本健一と山本広の争い――結果は山本広が四票、山本健一が二票であった。だが、この結果は山本健一が田岡に直訴したことで覆り、結局は山本健一が若頭に就いたのである。

だからこそ山広は昭和五十七年六月五日に組長代行に就任すると、早くも八月一日には幹部会で「四代目立候補」を宣言した。周到な根回しで四代目の座に王手をかけたのである。

これに反発したのが、中山勝正、宅見勝、石川尚、益田啓助・佳於兄弟ら旧山健グループ、山本健一の跡を継いで二代目山健組組長となっていた渡辺芳則、そして若頭に就任していた竹中正久だった。しかしこれも竹中派というより反山広派だった。それも人数から見れば圧倒的少数である。勢力比は一対五。山広にとってはライバルと呼ぶべき勢力ではない。まっとうな手段で反対していても、この状況で山広の襲名を阻止することは不可能だった。一縷《いちる》の望みがあるとすれば、組員たちの上部にある権力を担ぎ出すほかはない。そうなれば、選択肢は一つしかなかった。田岡一雄組長の威光を使うことが出来るのはフミ子夫人のみだ。

もともと嫌がる竹中を担ぎ出したのもフミ子夫人だった。彼女の意向は竹中擁立ではなく、あくまで時期尚早ということである。しかし、チェックメイトを急ぐ山広と対立することは明らかだった。竹中とフミ子夫人は、現段階での山広襲名阻止という観点で合致していた。

とりあえず光明を見いだした竹中だったが絶体絶命のピンチが襲う。よりによってこの大事な時期に収監を余儀なくされてしまうのである。竹中不在は既成事実を作るには絶好の機会だ。これほどのチャンスを山広が見逃すわけがなかった。竹中はフミ子夫人に自分の勾留中に跡目が決定しないよう念を押し、神戸地検に出頭する。しかし、これで絶対安心だとはとても言い切れない。

翌月の直系組長会が大きな攻防になることは、誰の目にも明らかだった。山広側の狙いは入れ札——つまり互選を竹中の不在中に強行することである。もし、そうなれば山広が勝利するのは間違いない事実だ。だから入れ札を阻止しない限り、竹中の目は完全につぶれてしまう。

直系組長会は予想通り両者とも一歩も引かず、最初から荒れに荒れた。結局収拾がつかず、日を改めて会合を開くことでとりあえずは決着した。だが、その日取りでは、おそらく竹中は娑婆に戻ってくることは出来ない。山広側の優勢は何も変わっていないのだ。

しかし、次の直系組長会で、山広は突然に四代目立候補の無期延期を発表した。多くの山広派にとっては青天の霹靂《へきれき》である。

山広は自滅した。流れは必然的に竹中に向かっていった。

フミ子夫人はどうやら竹中で腹を決めたようだった。反山広派も同じように敵の敵は味方という論理を捨て、積極的に竹中派に変貌した。このあたりが、どうやら竹中の決断の瞬間だったらしい。具体的には山本健一の三回忌あたりでじわじわと盛り上がる思いが、ついに竹中を動かしたのだ。

この後はご存じのように竹中が四代目を襲名し、山広派が山口組を離脱した後に一和会を結成。骨肉の争いへと発展する。そうしてその渦中で、勝者となったはずの竹中は一和会のヒットマンによって殺害されるのである。

竹中に四代目襲名への決断力があったかといえば、それは大きな疑問である。むしろ権力欲が薄かったため決断が鈍ったとさえいえなくもない。もし竹中がもっと早い段階で動き始めていれば、あるいは違う結果が生まれていたかもしれない。

本書は二〇一六年にミリオン出版から刊行された『ヤクザのカリスマ』を改題し、二〇〇五年に洋泉社よりそれぞれ刊行された『日本アウトロー列伝　親分』（第三章『地道行雄』『菅谷政雄』『山本広』『竹中正久』）、『日本アウトロー列伝　伝説のヤクザたち』（第一章『三木恢』、第二章『「野心の若頭」佐々木哲彦と「片腕切断」小原馨』）に収録されたレポートを加え、大幅に改稿・再編集したオリジナル文庫です。

鈴木智彦―1966年、北海道生まれ。日本大学芸術学部除籍。雑誌・広告カメラマンを経て、ヤクザ専門誌実話時代編集部に。実話時代BULL編集長を務めた後、フリーライターに転身。実話誌、週刊誌を中心に、幅広くアウトロー関連の記事を寄稿している。

著書には『サカナとヤクザ』(小学館)、『潜入ルポ ヤクザの修羅場』(文春新書)、『ヤクザと原発』(文春文庫)、『ヤクザ500人とメシを食いました!』(宝島SUGOI文庫)、共著には『山口組 分裂抗争の全内幕』(宝島SUGOI文庫)などがある。

講談社+α文庫 昭和《しょうわ》のヤバいヤクザ

鈴木智彦《すずきともひこ》

2019年1月17日第1刷発行
2021年1月19日第3刷発行

発行者――――渡瀬昌彦
発行所――――株式会社 講談社
東京都文京区音羽2-12-21 〒112-8001
電話 編集(03)5395-3522
販売(03)5395-4415
業務(03)5395-3615

デザイン――――鈴木成一デザイン室
カバー印刷――――凸版印刷株式会社
印刷――――株式会社新藤慶昌堂
製本――――株式会社国宝社

落丁本・乱丁本は購入書店名を明記のうえ、小社業務あてにお送りください。
送料は小社負担にてお取り替えします。
なお、この本の内容についてのお問い合わせは
第一事業局企画部「+α文庫」あてにお願いいたします。
Printed in Japan ISBN978-4-06-281649-6
定価はカバーに表示してあります。

講談社+α文庫 Ⓖビジネス・ノンフィクション

食肉の帝王 同和と暴力で巨富を掴んだ男	溝口 敦	ハンナングループ・浅田満のすべて！(暴)担当も驚く、日本を闇支配するドンの素顔!!	860円	G 33-7
池田大作「権力者」の構造	溝口 敦	創価学会・公明党を支配し、世界制覇をも目《もく》論《ろ》む男の秘められた半生を赤裸々に綴《つづ》る!!	880円	G 33-8
新版・現代ヤクザのウラ知識	溝口 敦	暴力、カネ、女…闇社会を支配するアウトローたちの実像を生々しい迫力で暴き出した！	838円	G 33-10
細木数子 魔女の履歴書	溝口 敦	妻妾同居の家に生まれ、暴力団人脈をバックに「視聴率の女王」となった女ヤクザの半生！	760円	G 33-12
*昭和梟雄《きょうゆう》録	溝口 敦	横井英樹、岡田茂、若狭得治、池田大作と矢野絢也。昭和の掉尾を飾った悪党たちの真実!!	876円	G 33-13
*四代目山口組 最期の戦い	溝口 敦	巨艦・山口組の明日を左右する「最後の極道」竹中組の凄絶な死闘と葛藤を描く迫真ルポ！	930円	G 33-14
六代目山口組ドキュメント 2005～2007	溝口 敦	暴排条例の包囲網、半グレ集団の脅威のなか、日本最大の暴力団の実像を溝口敦が抉る！	800円	G 33-16
新装版 ヤクザ崩壊 半グレ勃興 地殻変動する日本組織犯罪地図	溝口 敦	社会を脅かす暴力集団はヤクザから形を持たない半グレへ急速に変貌中。渾身ルポ！	790円	G 33-17
山口組動乱!! 日本最大の暴力団ドキュメント 2008～2015	溝口 敦	六代目名古屋執行部と旧五代目系神戸派との相克の深層・源流と日本暴力地図のこれから	660円	G 33-18
山口組三国志 織田絆誠という男	溝口 敦	相克30年の果てに三派鼎立となった日本最大の暴力団、その生き残りに賭ける男の実像！	900円	G 33-19

*印は書き下ろし・オリジナル作品

表示価格はすべて本体価格(税別)です。本体価格は変更することがあります

講談社+α文庫 Ⓖビジネス・ノンフィクション

日本人は永遠に中国人を理解できない　孔健
「お人好しの日本人よ――」これぞ、中国人の本音だ！　誰も語ろうとしなかった驚くべき真実　640円 G 39-1

なぜ中国人は日本人にケンカを売るのか　孔健
非難合戦を繰り返す日本と中国。不毛な争いを止め、真の友人になる日はやってくるのか？　648円 G 39-3

「感動」に不況はない　アルビオン小林章一社長はなぜ広告なしで人の心を動かすのか　大塚英樹
57期増益、営業利益率13％超。売れない時代に驚異の利益を実現する「商売の真髄」とは　750円 G 49-4

なぜ、この人は一番に強いのか　男の決め技100の研究　弘兼憲史
頼れる男になれ！　人生の踏んばりどころがわかり、ピンチを救う決め技は男を強くする　680円 G 54-1

「強い自分」は自分でつくる　なぜ、この人は成功するのか　弘兼憲史
逃げない男、取締役島耕作。逆境は必ず乗り越えられる。失敗をしてもクヨクヨするな!!　640円 G 54-3

その日本語、伝わっていますか？　池上彰
著者の実体験から伝授！　日本語の面白さを知れば知るほど、コミュニケーション能力が増す　648円 G 57-3

＊脱法企業　闇の連鎖　有森隆 グループK
新聞・TVが報じない日本経済の内幕とは？　真っ当な投資家に化《ば》けた暴力団の荒稼ぎぶり　762円 G 60-7

創業家物語　世襲企業は不況に強い　有森隆
トヨタ自動車、ソニー、パナソニック、吉本興業など、超有名企業51社「暖簾の秘密」　876円 G 60-9

銀行消滅（上）　あなたのメインバンクの危機を見極める　有森隆
UFJ、拓銀、長銀、日債銀……「消えた」先例に学ぶ「わが銀行資産を守る方法」第1弾　762円 G 60-10

銀行消滅（下）　あなたのメインバンクの危機を見極める　有森隆
先例に学ぶ「わが銀行資産を守る方法」第2弾！　りそな、九州親和、兵庫、新潟中央銀行　762円 G 60-11

＊印は書き下ろし・オリジナル作品

表示価格はすべて本体価格（税別）です。本体価格は変更することがあります

講談社+α文庫 Ⓖビジネス・ノンフィクション

安岡正篤 人間学
神渡良平
政治家、官僚、財界人たちが学んだ市井の哲人・安岡の帝王学とは何か。源流をたどる
780円 G 67-2

安岡正篤 人生を変える言葉 古典の活学
神渡良平
古典の言葉が現代に生きる人々を活かす！古典の活学の実践例から安岡語録の神髄に迫る
750円 G 67-3

流血の魔術 最強の演技 すべてのプロレスはショーである
ミスター高橋
日本にプロレスが誕生して以来の最大最後のタブーを激白。衝撃の話題作がついに文庫化
680円 G 72-2

知的複眼思考法 誰でも持っている創造力のスイッチ
苅谷剛彦
全国3万人の大学生が選んだナンバー1《ワン》教師が説く思考の真髄《しんずい》。初めて見えてくる真実！
880円 G 74-1

「人望力」の条件 歴史人物に学ぶ「なぜ、人がついていくか」
童門冬二
人が集まらなければ成功なし。〝この人なら〟と思わせる極意を歴史人物たちの実例に学ぶ
820円 G 78-1

＊私のウォルマート商法 すべて小さく考えよ
サム・ウォルトン
渥美俊一
桜井多恵子 監訳
売上高世界第1位の小売業ウォルマート。創業者が説く売る哲学、無敵不敗の商《あきな》いのコツ
940円 G 82-1

変な人が書いた成功法則
斎藤一人
日本一の大金持ちが極めた努力しない成功法。これに従えば幸せが雪崩のようにやってくる
690円 G 88-1

桜井章一の「教えない」「育てない」人間道場 伝説の雀鬼の〝人が育つ〟極意
神山典士
伝説の雀鬼・桜井章一の下に若者たちが集う「雀鬼会」。その〝人が育つ〟道場の実態とは!?
667円 G 91-2

「黄金の羽根」を手に入れる自由と奴隷の人生設計
橘 玲＋
海外投資を楽しむ会 編著
「借金」から億万長者へとつづく黄金の道が見えてくる!? 必読ベストセラー文庫第2弾
900円 G 98-2

貧乏はお金持ち 「雇われない生き方」で格差社会を逆転する
橘 玲
フリーエージェント化する残酷な世界を生き抜く「もうひとつの人生設計」の智恵と技術
900円 G 98-4

＊印は書き下ろし・オリジナル作品

表示価格はすべて本体価格（税別）です。本体価格は変更することがあります

講談社+α文庫 Ⓖビジネス・ノンフィクション

虚像に囚われた政治家 小沢一郎の真実	平野貞夫	次の10年を決める男の実像は梟雄《きょうゆう》か英雄か? 側近中の側近が初めて語る「豪腕」の真実!!	838円	G 143-2
小沢一郎 完全無罪 「特高検察」が犯した7つの大罪	平野貞夫	小泉総理が検察と密約を結び、小沢一郎が狙われたのか!? 霞が関を守る闇権力の全貌!	695円	G 143-5
運に選ばれる人 選ばれない人	桜井章一	20年間無敗の雀鬼《じゃんき》が明かす「運とツキ」の秘密と法則。仕事や人生に通じるヒント満載!	648円	G 146-1
突破力	桜井章一	明日の見えない不安な時代。そんな現代を生き抜く力の蓄え方を、伝説の雀鬼が指南する	648円	G 146-2
なぜ あの人は強いのか	桜井章一 中谷彰宏	「勝ち」ではなく「強さ」を育め。20年間無敗伝説を持つ勝負師の「強さ」を解き明かす	657円	G 146-3
「大」を疑え。「小」を貫け。	桜井章一 鍵山秀三郎	何を信じ、どう動くか。おかしな世の中でも心を汚さず生きていこう。浄化のメッセージ!	600円	G 146-4
考えるシート	山田ズーニー	コミュニケーションに困ったとき書き込むシート。想いと言葉がピタッ!とつながる本	620円	G 156-1
闇権力の執行人	鈴木宗男 佐藤優 解説	日本の中枢に巣喰う暗黒集団の実体を暴露! 権力の真っ只中にいた者だけが書ける告発!!	933円	G 158-1
野蛮人のテーブルマナー	佐藤優	酒、賭博、セックス、暗殺工作……諜報活動の実践者が、ビジネス社会で生き残る手段を伝授!	667円	G 158-3
汚名 検察に人生を奪われた男の告白	鈴木宗男	なぜ検察は、小沢一郎だけをつけ狙うのか!? 日本中枢に巣くう闇権力の実態を徹底告発!!	838円	G 158-4

＊印は書き下ろし・オリジナル作品

表示価格はすべて本体価格(税別)です。本体価格は変更することがあります

講談社+α文庫 Ⓖビジネス・ノンフィクション

就職がこわい　香山リカ
「就職」から逃げ続ける若者たち。そこに潜《ひそ》む〝本当の原因〟に精神科医がメスを入れる！
590円 G 174-1

生きてるだけでなぜ悪い？
哲学者と精神科医がすすめる幸せの処方箋　中島義道 香山リカ
人生で本当に必要なことは？ 結婚、就職、お金、常識、生きがい、人間関係から見つめる
657円 G 174-2

〈図解〉超新説 全国未完成鉄道路線
ますます複雑化する鉄道計画の真実　川島令三
ミステリー小説以上の面白さ！ 「謎の線路」と「用途不明の鉄道施設」で見える「日本の未来」
840円 G 181-3

〈図解〉配線で解く「鉄道の不思議」
東海道ライン編　川島令三
配線図だからわかる鉄道の魅力。第一人者が、大動脈「東海道線」の謎を解き明かす！
819円 G 181-4

〈図解〉配線で解く「鉄道の不思議」
中部ライン編　川島令三
配線がわかれば、鉄道がもっと楽しくなる！ 中部エリアの「ミステリー」を徹底追跡！
819円 G 181-5

〈図解〉配線で解く「鉄道の不思議」
山陽・山陰ライン編　川島令三
膨大な取材データをもとに、鉄道の魅力を再発見。山陽・九州新幹線にもメスを入れる！
819円 G 181-6

〈図解〉日本vs.ヨーロッパ「新幹線」戦争　川島令三
新幹線はどこまで速くなる？ 日本と海外を徹底比較、最先端の技術と鉄道の未来がわかる
850円 G 181-7

日本国外務省検閲済 **外務省犯罪黒書**　佐藤優
痴漢、盗撮、ひき逃げ――外務省が隠蔽するキャリア官僚たちの「黒い犯罪歴」を暴く
750円 G 185-5

＊**現役機長が答える飛行機の大謎・小謎**　坂井優基
パイロットだから答えられる。飛行機に乗るとき何気なく感じる疑問が、すっきり解決！
600円 G 197-2

古代日本列島の謎　関裕二
日本人はどこから来て、どこへ行こうとしているのか。日本と日本人の起源を探る好著！
781円 G 211-1

＊印は書き下ろし・オリジナル作品

表示価格はすべて本体価格（税別）です。本体価格は変更することがあります

講談社+α文庫 Ⓖビジネス・ノンフィクション

*印は書き下ろし・オリジナル作品

表示価格はすべて本体価格(税別)です。本体価格は変更することがあります